跨境电商——速卖通宝典

主　编　钟云苑

副主编　李伟苑　李京舟

参　编　刘闪光　曾　强　欧阳阳

　　　　游月琴　黄　苑　练淼森

机械工业出版社

跨境电商作为中国电子商务发展的新趋势，受到越来越多人的重视。本书的内容涉及卖家借助阿里巴巴速卖通平台，将产品直接卖到世界各地的消费者手中，从而获得丰厚的回报的全过程。通过初识跨境电子商务、开通店铺、熟知平台规则、选择货源、产品发布与管理、沟通服务技巧、交易管理、跨境物流、跨境支付、视觉营销、店铺营销、数据分析等内容，尽可能详细地介绍了从事跨境电商、操作速卖通平台的知识和技巧。本书通俗易懂、注重实操，教你从零基础开始，成为优秀的速卖通店主。

本书可作为职业院校和各类培训机构电子商务专业的入门教材，也适用于有志于此或者已经从事跨境电商的朋友们。

图书在版编目（CIP）数据

跨境电商：速卖通宝典/钟云苑主编．—北京：机械工业出版社，2016.12（2022.1 重印）
ISBN 978-7-111-55274-1

Ⅰ．①跨… Ⅱ．①钟… Ⅲ．①电子商务－商业经营－经验－中国 Ⅳ．①F724.6

中国版本图书馆 CIP 数据核字（2016）第 257574 号

机械工业出版社（北京市百万庄大街 22 号 邮政编码 100037）
策划编辑：聂志磊　　责任编辑：聂志磊　杨　洋
责任校对：马丽婷　　封面设计：马精明
责任印制：单爱军
北京虎彩文化传播有限公司印刷
2022 年 1 月第 1 版·第 6 次印刷
184mm×260mm·11.25 印张·262 千字
标准书号：ISBN 978-7-111-55274-1
定价：36.00 元

凡购本书，如有缺页、倒页、脱页，由本社发行部调换

电话服务	网络服务
服务咨询热线：010-88379833	机 工 官 网：www.cmpbook.com
读者购书热线：010-88379649	机 工 官 博：weibo.com/cmp1952
	教育服务网：www.cmpedu.com
封底无防伪标均为盗版	金　书　网：www.golden-book.com

电子商务示范基地成果

编审委员会

主 任 委 员：刘航标

副主任委员：黄　健　王洪新　陈思玉

　　　　　　　陈利辉　张　文　袁胜尧

委　　　员：潘文锋　赖亦环　陈敬新　李会强

　　　　　　　罗志锋　罗宇辉　张杏辉　曾检洪

　　　　　　　黄应礼　黎辉雄　范春胜　廖幸意

　　　　　　　李　平　李伟苑　李京舟　钟云苑

　　　　　　　刘闪光　吴东薇

前　言

中国电子商务的发展，促进了传统贸易方式的转变与升级，为中国商贸领域开辟了新的创业空间。如今，中国的电子商务发展领域已经扩展到了全球。由于察觉到外贸订单碎片化的趋势，阿里巴巴旗下的全球速卖通平台走出了自己的跨境电商零售之路。而随着国家相关政策和措施不断扶持跨境电商的发展，近年来阿里巴巴旗下的速卖通平台逐渐被越来越多的创业者所青睐。

本书的内容涉及最初的速卖通开店的前期准备工作（初识跨境电子商务、熟知平台规则、选择货源），速卖通日常运营（产品发布与管理、沟通服务技巧、交易管理、跨境物流、跨境支付），店铺后期的维护与优化（视觉营销、店铺营销、数据分析）。希望能够最大化地帮助全国各地的速卖通卖家迅速掌握相关知识，解决开店过程中遇到的各类问题。

本书的主要特点如下：

1. 图文并茂，实战性强

通过一步步的截图演示速卖通的操作，带领读者了解速卖通的各项操作步骤及方法，避免了枯燥的纯文字讲述，让读者在愉悦中阅读书本内容，直观形象地了解速卖通平台操作的整体流程和技巧。

2. 定位清晰，通俗易懂

本书主要定位为速卖通新手的入门书籍，目的在于帮助新手解决速卖通开店过程中遇到的一系列问题。书中内容通俗易懂，不局限于理论的阐述，而是深入浅出地为读者解惑释疑，让新手朋友一看就会，一看就懂。

3. 重点突出，语言精练

本书内容基本覆盖了速卖通平台的实际操作要点，通过一个个重点操作步骤让读者清晰地掌握速卖通店铺的运营技巧，有利于读者快速梳理书本内容。同时，对理论与实操的结合说明简洁明了，让读者轻松开启跨境电商海外淘金之路。

本书主要由兴宁市电子商务示范基地的电商创业培训讲师组织编写，同时邀请了广东省粤东商贸技工学校的曾强以及梅州市技师学院的游月琴、黄苑等中职院校一线教师参与编写。编写团队根据长期在电子商务企业的工作经验和日常电子商务教学的总结，开发并编写了本书。

为方便学习，读者可登录机械工业出版社教材服务网（http://www.cmpedu.com）或联系编辑（010-88379196）免费索取电子资源包（含助教课件等资源），同时欢迎广大教师加入电子商务交流群（QQ群：832803236），分享资料和经验。

本书的编写得到了编者所在单位领导和同事的支持和帮助，在此深表感谢。

由于编者水平有限，书中不足之处在所难免，欢迎读者批评指正。

编　者

目 录

前言

第一章 初识跨境电子商务 ……… 1
第一节 跨境电子商务概述 ……… 1
第二节 跨境电子商务平台 ……… 3
本章小结 ……… 7
本章习题 ……… 7

第二章 开通店铺 ……… 8
第一节 账户注册 ……… 8
第二节 实名认证 ……… 12
第三节 开店考试 ……… 14
本章小结 ……… 15
本章习题 ……… 15
实训拓展 ……… 16

第三章 熟知平台规则 ……… 17
第一节 注册规则 ……… 17
第二节 发布规则 ……… 18
第三节 交易规则 ……… 25
第四节 放款规则 ……… 30
第五节 售后规则 ……… 32
本章小结 ……… 36
本章习题 ……… 36

第四章 选择货源 ……… 37
第一节 分析市场 ……… 37
第二节 制定产品价格 ……… 44
本章小结 ……… 46
本章习题 ……… 47

第五章 产品发布与管理 ……… 48
第一节 产品发布 ……… 48
第二节 产品管理 ……… 54
本章小结 ……… 58
本章习题 ……… 58

第六章 沟通服务技巧 ……… 59
第一节 沟通技巧 ……… 59
第二节 售后服务 ……… 67
第三节 纠纷处理 ……… 69
本章小结 ……… 77
本章习题 ……… 77

第七章 交易管理 ……… 78
第一节 订单处理 ……… 78
第二节 交易评价 ……… 85
本章小结 ……… 88
本章习题 ……… 88

第八章 跨境物流 ……… 89
第一节 国际物流方式 ……… 89
第二节 物流模板设置 ……… 98
第三节 国际物流发货流程 ……… 105
本章小结 ……… 110
本章习题 ……… 111
实训拓展 ……… 111

第九章 跨境支付 ……… 112
第一节 收款账户设置 ……… 112
第二节 速卖通平台收费标准 ……… 117
第三节 卖家提现 ……… 119
本章小结 ……… 120
本章习题 ……… 120
实训拓展 ……… 120

第十章 视觉营销 ……… 121
第一节 视觉营销概述 ……… 121
第二节 文案策划 ……… 125
第三节 旺铺装修 ……… 128
本章小结 ……… 133
本章习题 ……… 134
实训拓展 ……… 134

第十一章 店铺营销 ……… 135
第一节 新店引流 ……… 135
第二节 营销活动 ……… 137
第三节 无线营销 ……… 147
本章小结 ……… 149
本章习题 ……… 149

第十二章 数据分析 ……… 150
第一节 数据分析概述 ……… 150
第二节 行业数据分析 ……… 151
第三节 店铺经营分析 ……… 159
本章小结 ……… 171
本章习题 ……… 171
实训拓展 ……… 171

参考文献 ……… 172

PART 1 第一章 初识跨境电子商务

中国是全球最大的生产制造基地，而中小企业正是中国制造最重要的群体。"十二五"期间，电子商务被列为战略性新兴产业的重要组成部分，电子商务将是下一阶段信息化建设的重心。相应地，中小企业的发展问题也得到了更多的关注，面对如此利好的条件，在线外贸已然是大势所趋。中国电子商务研究中心发布的《2015年（上）中国电子商务市场数据监测报告》显示，2015年上半年，中国跨境电商交易规模为2万亿元，同比增长42.8%，占我国进出口总值的17.3%。

可见，跨境电商市场潜力巨大。而现阶段真正把跨境电商做大做强的企业还很少，更多的企业处于观望和摸索期。与传统外贸业竞争白热化的环境相比，跨境电子商务无疑是一片全新的广阔蓝海。

第一节 跨境电子商务概述

一、跨境电子商务的定义

跨境电子商务（Cross-Border E-Commerce，以下简称跨境电商）是指分属不同关境的交易主体，通过电子商务平台达成交易、进行支付结算，并通过跨境物流送达商品、完成交易的一种国际商业活动。

跨境电商有广义和狭义之分。

从广义上看，跨境电商基本等同于外贸电商，是指分属不同关境的交易主体，通过电子商务的手段将传统进出口贸易中的展示、洽谈和成交环节电子化，并通过跨境物流送达商品、完成交易的一种国际商业活动。从更广意义上看，跨境电商是指电子商务在进出口贸易中的应用，是传统国际贸易商务流程的电子化、数字化和网络化。它涉及许多方面的活动，包括货物的电子贸易、在线数据传递、电子资金划拨、电子货运单证等内容。从这个意义上看，在国际贸易环节中只要涉及电子商务应用都可以纳入这个范畴。

从狭义上看，跨境电商实际上基本等同于跨境零售。跨境零售是指分属于不同关境的交易主体，借助计算机网络达成交易、进行支付结算，并采用快件、小包等行邮的方式通过跨境物流将商品送达消费者手中的交易过程。跨境电商交易流程示意图，如图1-1

所示。

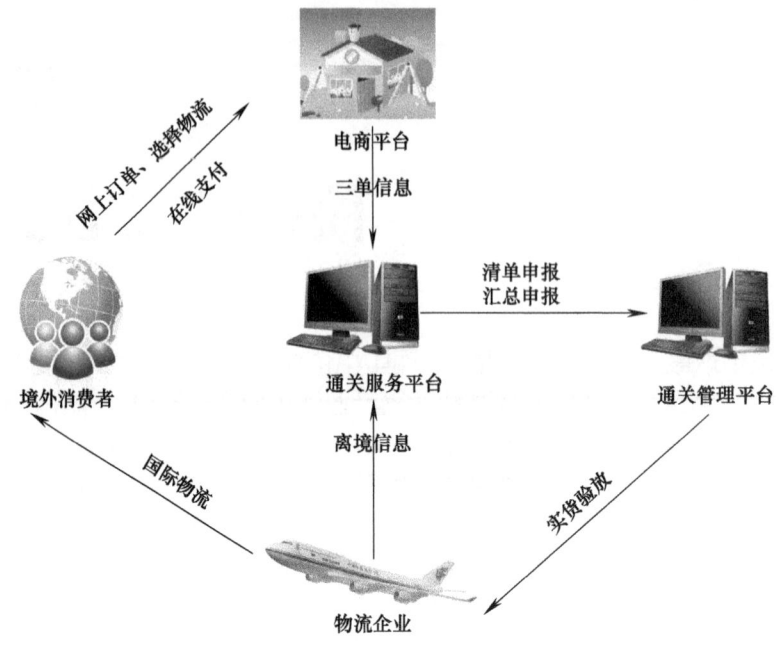

图 1-1　跨境电商交易流程示意图

二、跨境电子商务的意义

跨境电子商务作为推动经济一体化、贸易全球化的技术基础，具有非常重要的战略意义。跨境电子商务不仅冲破了国家间的障碍，使国际贸易走向无国界贸易，同时它也正在引起世界经济贸易的巨大变革。对企业来说，跨境电子商务构建的开放、多维、立体的多边经贸合作模式，极大地拓宽了进入国际市场的路径，大大促进了多边资源的优化配置与企业间的互利共赢；对于消费者来说，跨境电子商务使他们非常容易获取其他国家的信息并买到物美价廉的商品。

三、跨境电子商务的模式

我国跨境电子商务主要分为 B2B（即企业对企业）和 B2C（即企业对消费者）的贸易模式。在 B2B 模式下，企业运用电子商务以广告和信息发布为主，成交和通关流程基本在线下完成，本质上仍属传统贸易，已纳入海关一般贸易统计。在 B2C 模式下，我国企业直接面对国外消费者，以销售个人消费品为主，物流方面主要采用航空小包、邮寄、快递等方式。

四、跨境电子商务的发展趋势

1．跨境电商将在进出口贸易中占据更加重要的地位

在经济全球化趋势下，伴随着世界经济的发展，国际人均购买力不断增强。同时，网络

普及率提升,物流水平进步,网络支付环境也得到了长足的改善。这些因素都将有力地促进跨境贸易特别是跨境电商交易的发展。根据之前艾瑞咨询的预测,2017 年我国跨境电商规模将达 8 万亿元,复合增速 26%,行业仍将处于快速增长阶段。

2. 跨境电商进口业务比重将提升

当前以出口业务为主,2015 年上半年,我国跨境电商的出口比例达到 84.8%,进口比例为 15.2%。随着国内市场对海外商品需求的增长,跨境电商进口比重将逐步上升,跨境电商进出口业务结构将会有一个明显的改变。

3. 多批次、小批量的外贸订单需求将不断提升

一直以来,由于 B2B 业务单笔交易金额大、长期稳定订单多,我国外贸 B2B 业务在跨境电商中居于主导地位。但金融危机以来,国外企业受制于市场需求乏力和资金限制等问题,未来 B2B 业务的比重将下降。而与此同时,个人的购买力相对持续稳定,网络和物流的发展也为 B2C 业务创造了条件。因此,多批次、小批量的外贸订单需求将进一步提高,并成为促进跨境电商发展的重要基础动力。

第二节 跨境电子商务平台

跨境电子商务平台分为国际 B2C 跨境电商平台、进口跨境电商平台、本土化跨境电商平台三类。

国际 B2C 跨境电商平台:速卖通、亚马逊、eBay、Wish、兰亭集势、敦煌等。

进口跨境电商平台:洋码头、天猫国际、苏宁云商海外购、网易考拉海购、顺丰海淘。

本土化跨境电商平台:Flipkart(印度),walmart(沃尔玛),yandex(俄罗斯),newegg(美国新蛋网),trademe(新西兰),mercadolivre(美兰卡巴西),ali,dhgate,ipros。

下面对国际 B2C 跨境电商平台(亚马逊、eBay、Wish、速卖通)进行简单介绍。

一、亚马逊

亚马逊公司(Amazon,简称亚马逊)是美国最大的一家网络电子商务公司,是网络上最早开始经营电子商务的公司之一,成立于 1995 年,一开始只经营网络的书籍销售业务,现在扩展了范围相当广的其他产品,已成为全球商品品种最多的网上零售商之一。亚马逊网站,如图 1-2 所示。

2001 年开始,除了宣传自己是最大的网络零售商之一外,亚马逊同时把"最以客户为中心的公司"确立为努力的目标。此后,打造以客户为中心的服务型企业成了亚马逊的发展方向。为此,亚马逊从 2001 年开始大规模推广第三方开放平台(Marketplace),2002 年推出网络服务(AWS),2005 年推出 Prime 服务,2007 年开始向第三方卖家提供外包物流服务(FBA),2010 年推出 KDP 的前身自助数字出版平台(DTP)。亚马逊逐步推出这些服务,使其超越网络零售商的范畴,成为一家综合服务提供商。

亚马逊分为北美平台、欧洲平台、亚洲平台。北美平台主要分为:美国 Amazon、加

拿大 Amazon；欧洲平台主要分为：英国 Amazon、德国 Amazon、意大利 Amazon、法国 Amazon、西班牙 Amazon；亚洲平台主要是日本 Amazon。

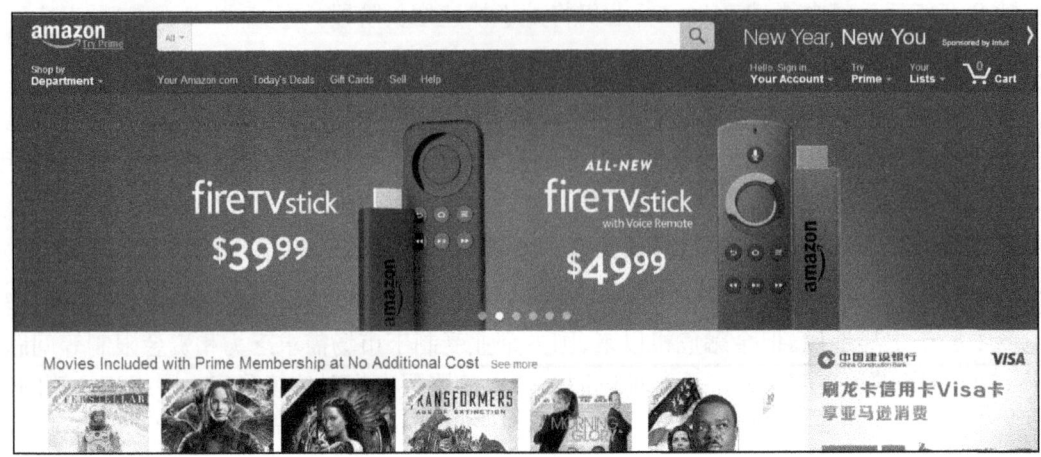

图 1-2　亚马逊网站

亚马逊卖家分为专业卖家和个人卖家两种。亚马逊针对各国站点的月费收取标准有所不同，如美国站，专业卖家每月固定收取 39.99 美元，个人卖家则按照每笔 0.99 美元手续费收取。除此之外，亚马逊还会收取一定比例的交易费，根据所卖的产品不同收取的比例也不同。

二、eBay

eBay 创立于 1995 年 9 月，当时 Omidyar 的女朋友酷爱 Pez 糖果盒，却为找不到同道中人交流而苦恼。于是 Omidyar 建立起一个拍卖网站，希望能帮助女友和全美的 Pez 糖果盒爱好者交流，这就是 eBay，是一个可让全球民众上网买卖物品的线上拍卖及购物网站。网站首页，如图 1-3 所示。

图 1-3　eBay 网站首页

eBay 销售方式主要有:"拍卖""一口价"。针对不同的销售方式,Bay 向卖家收取的费用不同。所以,选择适合自己物品的销售方式是实现低成本、高收益的第一步。

三、Wish

Wish 于 2011 年成立于美国,是一家移动 B2C 跨境电商平台,如图 1-4 所示。Wish 是一款根据用户喜好,通过精确的算法推荐技术,将商品信息推送给感兴趣用户的移动优先购物 App。与其他电商平台不同,在 Wish 上的买家很少通过关键词搜索喜欢的商品,一般更倾向无目的浏览,看到某款喜欢的产品便购买,因而 Wish 不会涉及关键词流量。目前 Wish 平台向卖家免费开放注册,对每笔成交的交易收取销售额 15%的佣金。

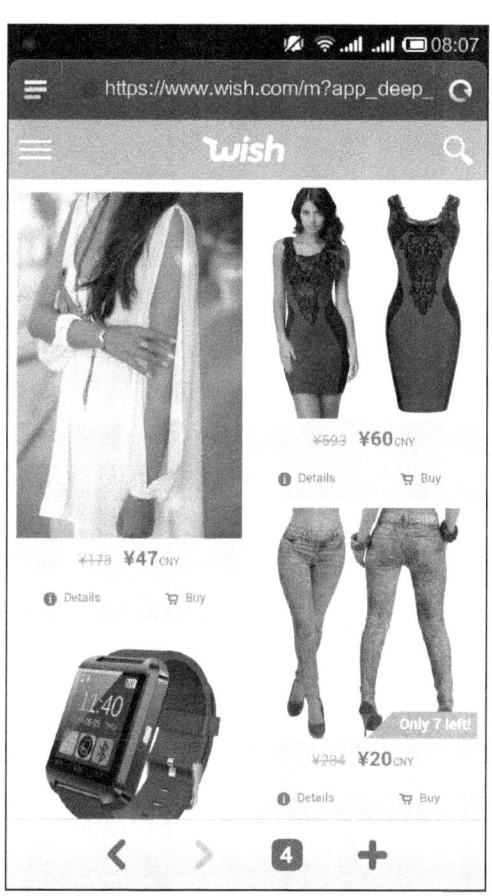

图 1-4　Wish 网站首页

四、速卖通

全球速卖通(AliExpress,简称速卖通)是阿里巴巴旗下面向全球市场打造的在线交易平台,被广大卖家称为国际版"淘宝"。2009 年速卖通平台建立,2010 年对外开放免费注册,至今已是国内卖家最多的跨境电商平台,也是全球最大的在线外贸交易平台之一,如图 1-5 所示。

像淘宝一样，把宝贝编辑成在线信息，通过速卖通平台发布到海外，类似国内的发货流程，通过国际快递将宝贝运送到买家手上，就这样，轻轻松松与 200 多个国家和地区的买家达成交易，赚取美元。在 2015 年"双 11"期间，速卖通跨境出口共产生 2124 万笔订单，覆盖到 214 个国家和地区，无线成交占比达到 40%。速卖通的发展非常迅速，是国内卖家初试跨境电商的不错选择。

图 1-5　速卖通平台

速卖通在巴西、俄罗斯、西班牙、乌克兰、智利等国家是当地非常重要的购物网站，在平台上成交排名靠前的国家有俄罗斯、美国、巴西等。

2015 年 12 月 7 日，速卖通对外宣布，全平台入驻门槛新规正式发布，将对平台所有行业整体提升商家入驻门槛，全面从跨境 C2C 转型跨境 B2C。新规最大变化是推出了年费制度和年费返还措施，一方面按照经营大类设置年费，提高准入门槛；另一方面通过"年费返还"等有效激励措施，提高优质国产品牌、中国制造商开拓全球市场的信心。同时通过多项动态指标考核，持续优胜劣汰。

速卖通在国内的使用占比最高，并且速卖通是中国本土企业，在国内的发展比其他平台更稳定也更具优势。

小案例 1-1

淘宝掌柜一个月内玩转速卖通

认识速卖通是一次偶然的机会，3 个月前自己把健身教练的工作辞了，从北京回浙江开了一家淘宝店，主要经营健身营养品。2015 年 9 月，因为产品不多就准备去杭州网货会找一些新货源。

在网货会上看到一个"体验全球速卖通，游阿里巴巴"的活动，当时只想稍微了解一下，就去听了这个课程。不听不知道，一听吓一跳，原来阿里巴巴有一个新平台速卖通。速卖通是什么？我理解，淘宝是做国内的，速卖通是做国外，也就是海外版的淘宝。如果我是 2003 年开始做淘宝的话，那么我现在应该是皇冠了，现在的速卖通就像 2003 年的淘宝，这个机会，我怎么能错过？通过这个课程我有幸成为第一批使用淘外销服务的卖家，为我的淘宝店开拓了一个新渠道。

现在我在淘宝店上货,同一件宝贝有两个销售渠道,淘宝上卖给国内客户,速卖通上卖给外国人,拿一个刚刚成交的赛车模型来举例吧,进价 70 元人民币,淘宝我卖 95 元人民币,速卖通上我卖 35 美元,也就是约 230 元人民币。用 EMS 发货给新西兰的买家,邮费 113 元人民币,小包只要 65 元人民币,利润可以达到淘宝的 2~4 倍。

本章小结

本章主要对跨境电子商务的概念、模式和跨境电商的发展趋势及其意义做了介绍,并对跨境电子商务 B2C 平台的速卖通、亚马逊、eBay、Wish 做了简单介绍。

本章习题

1. 什么是跨境电子商务?广义和狭义的跨境电子商务有何区别?
2. 常见的跨境电子商务平台有哪些?速卖通平台有哪些优势?

PART 2

第二章 开通店铺

全球速卖通是阿里巴巴为帮助中小企业接触海外终端，拓展利润空间而全力打造的融合订单、支付、物流于一体的外贸在线交易平台。通过互联网的方式缩短优化外贸产业供应链，减少外贸环节中的进口商渠道，将以往传统外贸中进口商所获取的巨额利润，返还到国内工厂及贸易商，同时降低了海外零售商的采购成本，从而达到消费者获利的目的。国内销售、传统外贸和速卖通平台的交易对比，如图2-1所示。

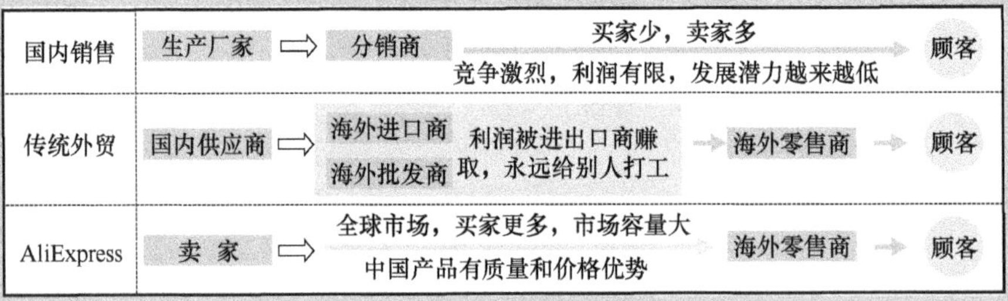

国内销售	生产厂家 ⇒ 分销商	买家少，卖家多 竞争激烈，利润有限，发展潜力越来越低		顾客
传统外贸	国内供应商 ⇒	海外进口商 海外批发商	利润被进出口商赚取，永远给别人打工 → 海外零售商 →	顾客
AliExpress	卖家 ⇒	全球市场，买家更多，市场容量大 中国产品有质量和价格优势	→ 海外零售商 →	顾客

图 2-1 速卖通平台的优势

对速卖通有一定的了解后，如何开通店铺呢？开通账户是开店最基本的工作，需要进行"注册账户"—"实名认证"—"开店考试"三个环节。

第一节 账户注册

在正式注册账户前，必须准备好以下资料和工具：
- 专用的电子邮箱，要求安全可靠，能够长期使用；
- 专用的手机和手机号码，要求能够长期使用；
- 个人有效身份证；
- 数码相机或高像素的手机，用来拍摄认证照片。

做好准备工作后就可以直接实施开户操作了。

**操作指南**

步骤1：进入"免费开店"页面有两种方式。一种方式是进入速卖通首页（www.aliexpress.com），如图2-2所示，单击"卖家入口"按钮—"卖家首页"选项—"免费开店"按钮。

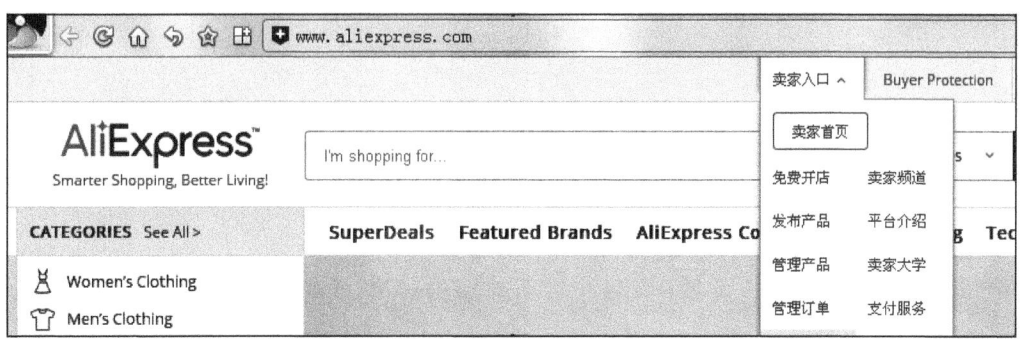

图2-2 速卖通首页

另一种方式是登录全球速卖通卖家首页（www.seller.aliexpress.com），如图2-3所示，单击"免费开店"按钮，进入速卖通普通会员免费注册页面。在注册页面，你可以看到两种注册方法：
1）通过邮箱进行注册的方式。
2）通过支付宝账户注册的方式。

图2-3 免费注册入口

我们以"邮箱注册"方式为例。
步骤2：通过邮箱注册，填写自己的电子邮箱地址，如图2-4所示。

图 2-4　邮箱注册

步骤 3：单击"下一步"按钮，单击发送邮箱的认证信息。

步骤 4：单击"立即查收邮件"按钮（见图 2-5），出现全球速卖通发来的邮件，如图 2-6 所示。

图 2-5　查收邮件

图 2-6　邮箱邮件

步骤 5：单击"完成注册"按钮，出现"填写账号信息"列表，依次填写个人信息和公司相关信息，其中"经营模式"选定后不可更改，不过其对账户没有任何影响。当所有注册信息都填写准确无误后，单击"确认"按钮，如图 2-7 所示。

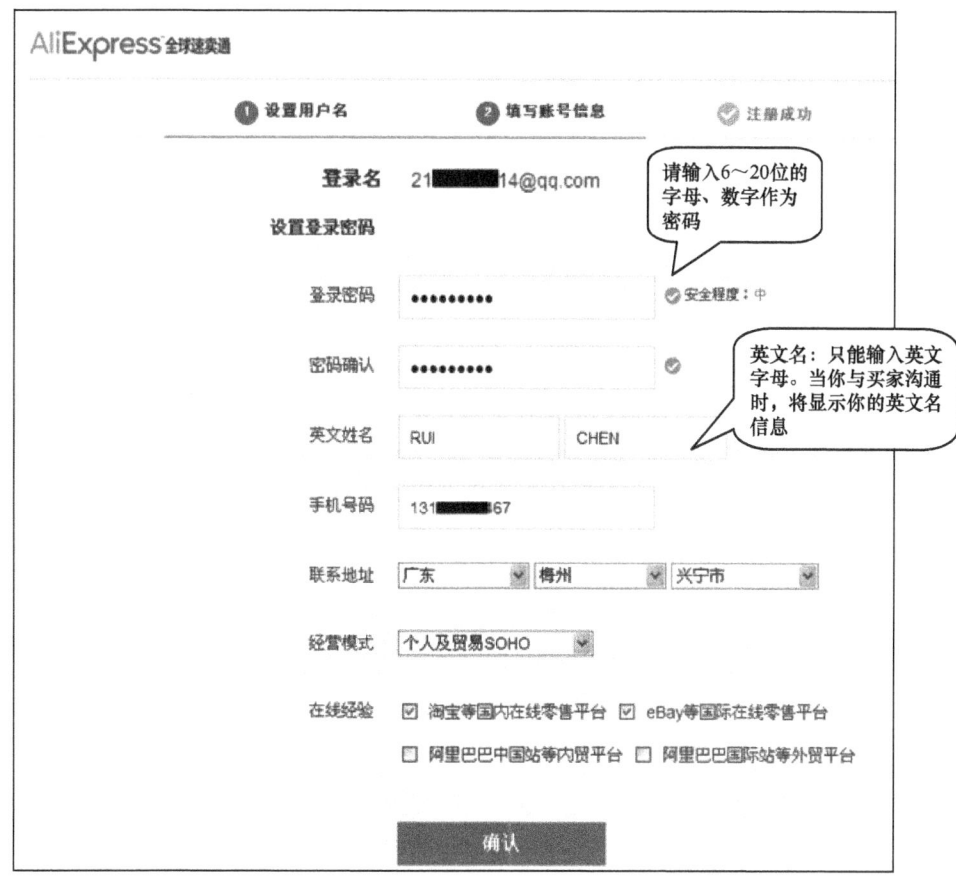

图 2-7　填写账号信息

步骤 6：继续完成手机验证，即可拥有速卖通账号。输入手机号码，填写验证码，单击"确认"按钮，如图 2-8 所示。

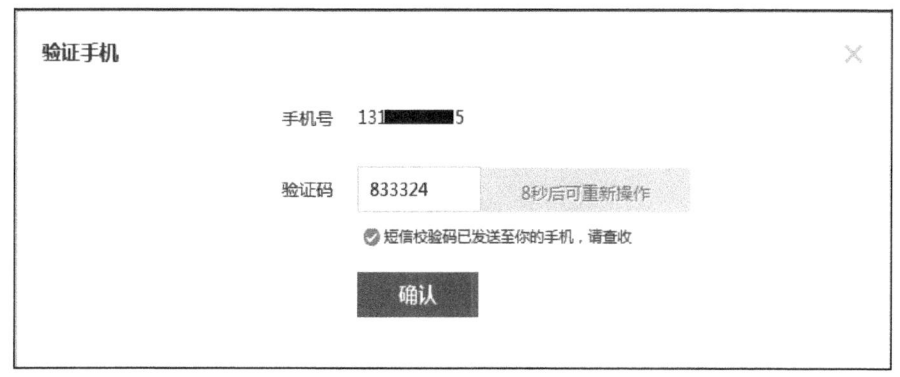

图 2-8　手机验证

至此，账号注册成功，如图 2-9 所示。

图 2-9 注册成功

经验分享

(1) 一个人可以注册几个速卖通账号?

在速卖通平台,一个人只能注册一个账号,因为注册账号后需要认证,一个身份信息只能认证一次。如果你需要开通多个账号,可以使用其他未在平台认证过的身份信息完成认证。

(2) 同一个手机号码可以绑定多个速卖通账号吗?

同一个手机号码可以注册验证、绑定多个速卖通账号。

第二节 实名认证

成功免费注册之后,如果你需要发布产品,还必须完成实名认证。目前速卖通支持的认证方式有两种——"个人支付宝认证"和"企业支付宝认证",如图 2-10 所示。可以根据自己的情况进行选择,本书以"个人实名认证"为例进行介绍。

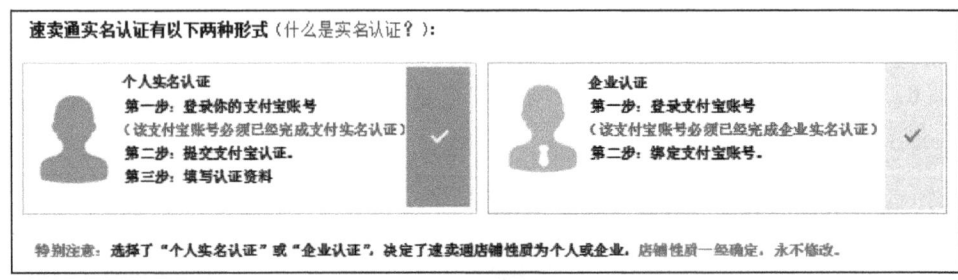

图 2-10 速卖通实名认证

操作指南

步骤 1:登录"支付宝账号",取得支付宝的实名认证。

步骤 2:如果注册的邮箱原先没有使用过支付宝或是支付宝没有实名认证过,那么就需要先去支付宝页面完成支付宝认证,或者使用其他的支付宝账户进行实名认证。如果提交了已经通过支付宝实名认证的支付宝账户,则系统需要确认认证信息是否有误。

支付宝实名认证是一项身份识别服务，通过认证后就可以在淘宝网上开店，使用支付宝"我要付款""AA收款"等功能以及提高信用级别，交易更受信任。除此之外，在速卖通上需要进行支付宝认证的一个重要原因是：速卖通规定，外国客户若使用人民币支付货款，则此货款只能直接转账到支付宝账户中提现，而不能通过其他途径提现。因此，支付宝账户必须设置成功。

目前，申请认证方式主要有两种。

方式一：通过确认银行汇款金额来进行认证，其基本流程如图 2-11 所示。

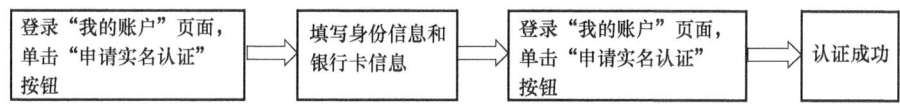

图 2-11　通过确认银行汇款金额来进行认证

方式二：在线开通快捷支付，同时可完成实名认证，其基本流程如图 2-12 所示。

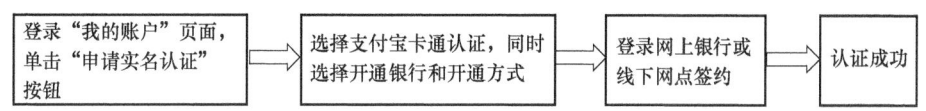

图 2-12　在线开通快捷支付完成实名认证

步骤 3：完成速卖通的个人资料认证，如图 2-13 所示，需要填写姓名、身份证号码以及其有效期、联系地址、手机号等信息。当所有的真实信息完善后，还需要上传头部照、半身照、手势照等照片。一定要按照认证页面上的提示，拍摄清晰的照片后上传，然后等待速卖通的审核，一般两天内就会有反馈消息。

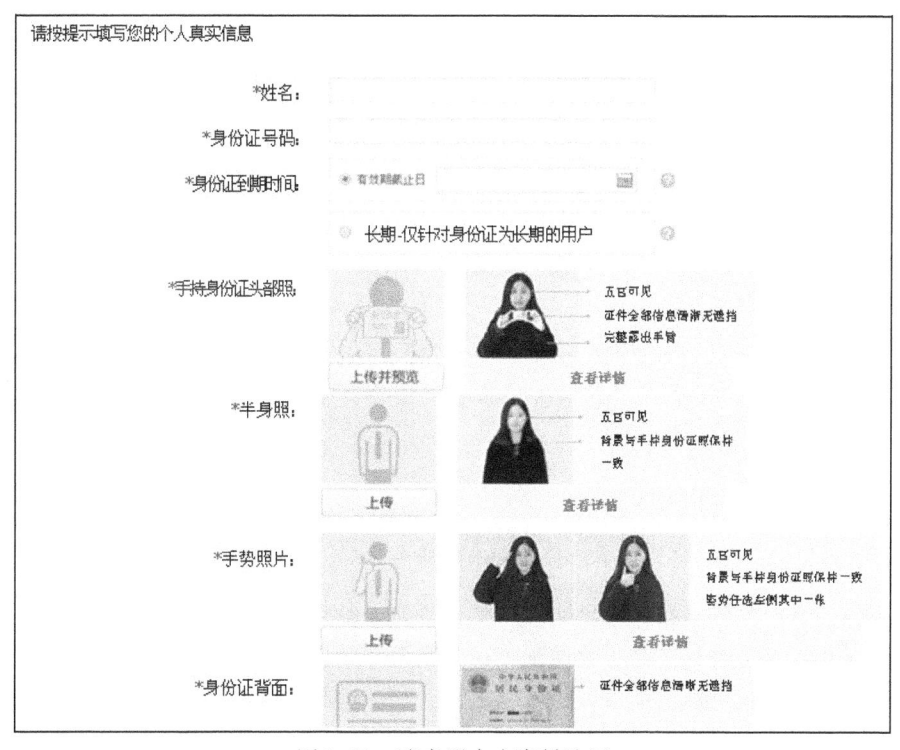

图 2-13　速卖通个人资料认证

如果提交的信息未通过审核，系统会告知原因，并可重新填写。如果信息通过了审核，将看到如图 2-14 所示的页面，并可登录速卖通操作平台，开启跨境电商之旅。

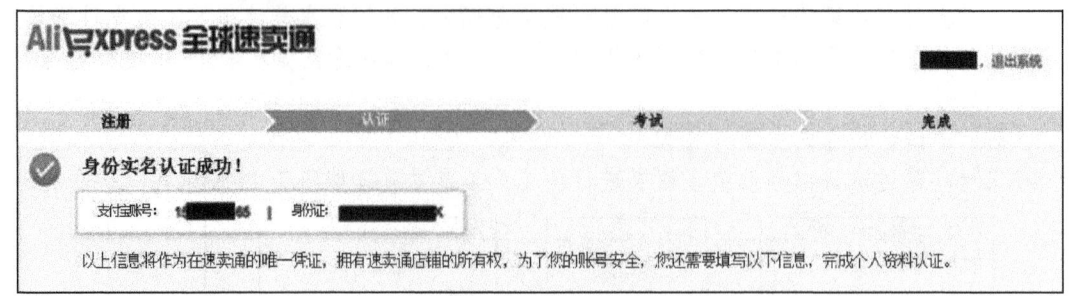

图 2-14　身份实名认证成功

 **经验分享**

（1）速卖通一定要实名认证吗？

必须实名认证，才能发布产品，且发布的产品才能进入正常的审核流程。

（2）支付宝没有实名认证是否可以接收速卖通的货款？

如果支付宝未认证会导致收款失败。

（3）可以用支付宝做速卖通的认证吗？

可以，支付宝是独立的平台，可以用于淘宝，也可以用于速卖通等其他平台。

第三节　开店考试

速卖通为了让新卖家尽快了解与熟悉相关规则，在进入操作后台进行实际操作之前，会有一个开店考试，如图 2-15 所示。

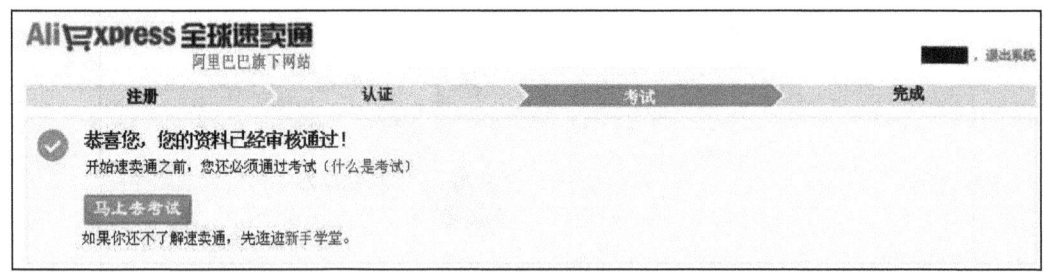

图 2-15　开店考试

通过平台了解、发布产品、国际物流、平台规则、营销与数据等几个交易核心环节的培训，让新卖家了解速卖通，熟悉速卖通操作，并具备基本的出单能力。考试针对这几个知识点随机抽取 50 道不定项选择题，90 分及以上为合格。合格卖家可以进入速卖通操作后台进行实际操作，不合格卖家可以选择重新抽取试题进行考试，考试界面如图 2-16 所示。

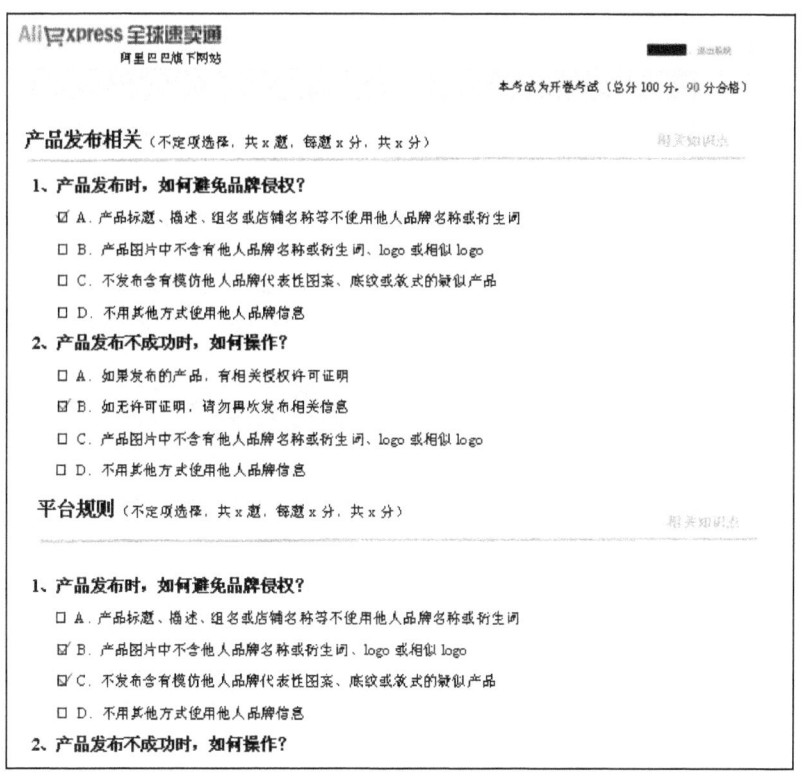

图 2-16 考试界面

考试通过后，就可以正常使用速卖通了，如图 2-17 所示，单击"进入我的速卖通"按钮，即可进入管理后台。

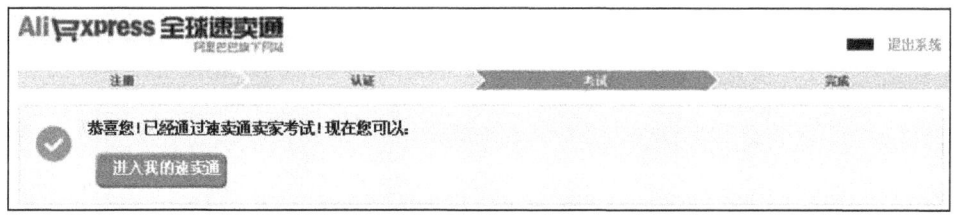

图 2-17 通过考试

本 章 小 结

本章主要对速卖通平台的"账户注册"—"实名认证"—"开店考试"三个环节的操作步骤做了详细的说明，并对在"账户注册"及"实名认证"操作过程中遇到的常见问题做了解释。

本 章 习 题

为什么说现在的速卖通相当于 2008 年的淘宝？假设不会英语，可以做速卖通吗？

实 训 拓 展

小东在职业学校毕业前夕正思考着自己事业发展的规划时,他的朋友雪中送炭,告诉他速卖通这个平台,而且是免费的,能够免费注册,免费开店,效果很不错。小东听后立马行动起来。请你运用学到的速卖通平台注册、认证等知识帮小东圆掌柜梦吧。

实训1:在速卖通平台上注册一个账号。

实训2:将注册好的账号进行"实名认证"。

PART 3 第三章 熟知平台规则

"无规矩不成方圆",要做好速卖通,一定要对速卖通规则有一个详尽的了解,只有这样才能在遵循规则的前提下,树立店铺形象,提高商品的成交率,否则,一旦脱离规则,很可能面临扣分处罚甚至关店的风险。

第一节 注 册 规 则

一、通过邮箱注册规则

1)除非全球速卖通事先同意,只有中国(除港、澳、台地区)的卖家才可在速卖通进行注册。卖家账户必须填写准确的邮箱地址及手机号码。订单相关信息以及速卖通平台的最新公告将会以邮件的形式发送到卖家注册的邮箱,所以,卖家在注册时务必填写常用且准确的邮箱地址,以便能够正常联系卖家。

速卖通规则要求卖家在速卖通所使用的邮箱不得包含违反国家法律法规、涉嫌侵犯他人权利或干扰全球速卖通运营秩序等相关信息。一般使用"@alibaba.com"或"@yahoo.com.cn"等专业邮箱服务器。同时,卖家应填写真实有效的手机号,保证能收到验证码以完成注册。

2)填写真实姓名。在注册时卖家务必保证填写的个人信息准确和真实,以便于卖家在成单以后顺利收款。卖家在速卖通所注册使用的邮箱必须是注册人本人的邮箱,速卖通有权对该邮箱进行验证。全球速卖通的会员 ID 是系统自动分配的,不能修改。若卖家已通过认证(支付宝实名认证、身份证认证或速卖通要求的其他认证),则不论其速卖通账户状态开通与否,不得将个人身份信息取消绑定。

3)准确填写行业背景和经验信息。卖家要准确地填写行业、经营模式和在线经验信息,这样卖家才能获得速卖通为您量身定制的培养方案,更加有利于卖家的成长。

二、注册账号关闭或终止规则

1)中国(除港、澳、台地区)卖家不得利用虚假信息在速卖通注册海外买家账户,如速卖通有合理依据怀疑中国(除港、澳、台地区)卖家利用虚假信息在速卖通注册海外买家账户,速卖通有权关闭买家会员账户。对于卖家,速卖通也有权根据违规行为进行处罚。

2)全球速卖通有权终止、收回未通过身份认证且连续一年未登录速卖通或 Trade Manager 的账户。

3）用户在全球速卖通的账户因严重违规被关闭，不得再重新注册账户；如被发现重新注册了账号，速卖通将关闭该会员账户。

4）一个通过企业认证的会员仅能拥有六个可出售商品的速卖通账户（速卖通账户所指为主账户），特殊情况除外。选择了"个人实名认证"或"企业认证"，将决定速卖通通店铺性质为个人或企业，并确定该速卖通账户的权责承担主体。仅当有法律明文规定、司法裁定或经速卖通同意，否则不得以任何方式转让、出租或出借会员账户；如有相关行为的，由此产生的一切责任均由会员自行承担，并且速卖通有权关闭该等速卖通账户。

5）中国供应商付费会员若在 Alibaba.com 平台因严重违规被关闭账户，全球速卖通平台的相关服务或产品也将同时停止使用。

第二节 发 布 规 则

一、全球速卖通发布新规

2015 年 12 月 7 日，阿里巴巴集团旗下跨境出口电商平台速卖通对外宣布，全平台入驻门槛新规正式发布，将对平台所有行业整体提升商家入驻门槛，全面从跨境 C2C 转型跨境 B2C。

依照新规，速卖通全平台分为八大经营范围，下设 18 个经营大类，按照经营大类对入驻商家收取年费。对应每个经营大类，商家分别缴纳 3 000～50 000 元不等的技术服务年费。为鼓励优质商家，速卖通还推出了年费返还制度。以女装行业为例，只要年交易额达到 3 万美元及以上，且服务指标达标，会返还该商家 50%的年费。年交易额 6 万美元及以上，且服务指标达标，则返还商家 100%的年费。

速卖通平台的每个经营范围分设不同经营大类，每个速卖通账号只准选取一个经营范围，并可在该经营范围下跨经营大类经营。不同经营大类收取的技术费用以及对应的年费返还机制不同，具体情况如下：

1）服装配饰和珠宝饰品类、手表类技术服务费年费均为 10 000 元。返 50%年费对应年销售额均为 30 000 美元，返 100%年费对应年销售均为 60 000 美元。

2）鞋包类技术服务费年费为 5 000 元。返 50%年费对应年销售额为 24 000 美元，返 100%年费对应年销售为 48 000 美元。

3）美容类技术服务年费分为情趣（10 000 元）和其他类目（5 000 元）两档。情趣类目返 50%年费对应年销售额为 30 000 美元，返 100%年费对应年销售为 60 000 美元；其他类目返 50%年费对应年销售额为 24 000 美元，返 100%年费对应年销售为 48 000 美元。

4）美发类技术服务年费分为真人发（50 000 元）和其他类目（5 000 元）两档。真人类目发返 50%年费对应年销售额为 60 000 美元，返 100%年费对应年销售为 120 000 美元；其他类目返 50%年费对应年销售额为 18 000 美元，返 100%年费对应年销售为 36 000 美元。

5）孕婴童类技术服务年费为 3 000 元。返 50%年费对应年销售额为 12 000 美元，返 100%年费对应年销售为 24 000 美元。

6）玩具类技术服务年费为 5 000 元。返 50%年费对应年销售额为 12 000 美元，返 100%年费对应年销售为 24 000 美元。

7）婚纱类技术服务年费为 10 000 元。返 50%年费对应年销售额为 30 000 美元，返

100%年费对应年销售为60 000美元。

8) 汽摩配类技术服务年费为5 000元。返50%年费对应年销售额为36 000美元,返100%年费对应年销售为72 000美元。

9) 计算机、办公类技术服务年费分为计算机(20 000元)、平板电脑(20 000元)、储存卡(10 000元)、外置机械移动硬盘(5 000元)、U盘(10 000元)及其他类目(5 000元)。平板电脑类目返50%年费对应年销售额为60 000美元,返100%年费对应年销售为12 000美元;除了平板电脑类目之外,返50%年费对应年销售额均为18 000美元,返100%年费对应年销售均为36 000美元。

10) 消费电子类技术服务年费分为电子烟(30 000元)、运动相机(10 000元)、其他类目(5 000元)。电子烟类类目返50%年费对应年销售额为30 000美元,返100%年费对应年销售为60 000美元;运动相机类目返50%年费对应年销售额为60 000美元,返100%年费对应年销售为120 000美元;其他类目返50%年费对应年销售额为18 000美元,返100%年费对应年销售为36 000美元。

11) 手机、通信类技术服务年费分为手机整机(30 000元)、手机配件(5 000元)、其他类目(5 000元)。手机配件和其他类目返50%年费对应年销售额为18 000美元,返100%年费对应年销售为36 000美元;手机整机类目返50%年费对应年销售额为45 000美元,返100%年费对应年销售为90 000美元。

12) 安防类技术服务年费为5 000元。返50%年费对应年销售额均为18 000美元,返100%年费对应年销售均为36 000美元。

13) 运动、休闲类技术服务年费分为运动鞋(10 000元)、骑行(10 000元)、其他类目(5 000元)。运动鞋和骑行类目返50%年费对应年销售额均为24 000美元,返100%年费对应年销售均为48 000美元;其他类目返50%年费对应年销售额均为18 000美元,返100%年费对应年销售均为36 000美元。

14) 家居生活、家装类技术服务年费包括Furniture、Home Garden、Food、Had ware、Tools、Construction Real Estate六个类目(5 000元),以及Lights Lighting类目[其他类目(5 000元)、Downlight+Spotlight类目(10 000元)、LED Lighting + Lighting Bulbs Tubes类目(10 000元)]。Furniture、Home Garden、Food、Hardware、Tools、Construction Real Estate以及Lights Lighting(其他类、Downlight+Spotligh)返50%年费对应年销售额均为30 000美元,返100%年费对应年销售均为60 000美元;Lights Lighting(LED Lighting+Lighting Bulbs Tubes)返50%年费对应年销售额均为60 000美元,返100%年费对应年销售均为120 000美元。

15) 家电类技术服务年费为5 000元。返50%年费对应年销售额均为30 000美元,返100%年费对应年销售均为60 000美元。

其他大类(Customized Products类目、Electrical Equipment & Supplies类目、Electronic Components & Supplies类目、Industry & Business类目、Office & School Supplies类目、Travel and Vacations类目)技术服务年费为5 000元。返50%年费对应年销售额均为12 000美元,返100%年费对应年销售均为24 000美元。

"共享类(Special Category)"不单独实施招商准入,只要卖家获准加入任一经营大类,即可获得"共享类(Special Category)"商品发布权限。

实际经营未满一年或中途退出经营的且不存在任何违约及违规情况的卖家将根据实际

入驻期间（按月计算）来重新计算应缴年费，并退还未提供服务期间的年费。

除此之外，速卖通还设立了新的考核规则，在各经营大类下二级或三级类目分别设定"服务指标"，包括"类目 30 天货不对版纠纷率"及"类目 30 天 DSR 商品描述平均分"，来进行考核。若考核不达标，则关闭相应类目的经营权限。

二、全球速卖通禁限售规则

违禁商品：是指因涉嫌违法、违背社会道德或违背平台发展原则等原因，而禁止发布和交易的商品。

限售商品：是指信息发布前需要取得商品销售的前置审批、凭证经营或授权经营等许可证明，否则不允许发布的产品。

具体的禁售、限售产品列表请参见《全球速卖通禁限售商品目录》，网址如下：

http://activities.aliexpress.com/adcms/seller-aliexpress-com/education/rules/post001.php。

具体操作如下：

登录速卖通首页，单击"速卖通规则"按钮进入速卖通规则页面，在分布类规则下单击"全球速卖通禁限售商品目录"按钮进行查看。具体如图 3-1 所示。

图 3-1　速卖通规则页面

禁售、限售商品主要分为 14 大类，包括枪支、军警用品、危险武器类；毒品、易制毒化学品、毒品工具类；易燃易爆、危险化学品类；反动等破坏性信息类；色情低俗、催情用品类；涉及人身安全、隐私类；药品、医疗器械、美容仪器类；非法服务、票证类；动植物、动植物器官及动物捕杀工具类；涉及盗取等非法所得及非法用途软件、工具或设备类；烟草及制品、电子烟类；收藏类；虚拟类；其他类。

卖家一定要认真阅读禁售、限售的商品目录，否则一旦发布相关产品，积分和店铺将会面临处罚，见表 3-1。

表 3-1　禁限售积分处罚和店铺处罚表

处罚依据	行为类型	积分处罚	其他处罚
《禁限售规则》	发布禁限售商品	严重违规：48 分/次（关闭账号）	① 退回或删除违规信息
		一般违规：0.5~6 分/次（一天内累计不超过 12 分）	② 若核查到订单中涉及禁限售商品，速卖通将关闭订单。如买家已付款，无论物流状况均全额退款给买家，卖家承担全部责任

具体扣分标准，详见《全球速卖通禁限售商品目录》。

三、知识产权规则

1. 知识产权的定义

知识产权(Intellectual Property Right,IPR),指的是人们对自己所创造的智力活动成果依法享有的占有、使用、收益和处分的权利。未经知识产权所有人的许可,使用其依法享有的知识产权,即为知识产权侵权。知识产权侵权行为包括但不局限于以下三类。

1)商标侵权:未经商标权人的许可,在商标权核定的同一或类似的商品上使用与核准注册的商标相同或相近的商标的行为,以及其他法律规定的损害商标权人合法权益的行为。

2)专利侵权:未经专利权人许可,以生产经营为目的,实施了依法受保护的有效专利的违法行为。

3)著作权侵权:未经著作权人同意,又无法律上的依据,使用他人作品或行使著作权人专有权的行为,以及其他法律规定的损害著作权人合法权益的行为。

2. 侵犯知识产权的处罚

全球速卖通平台严禁用户未经授权发布、销售涉嫌侵犯第三方知识产权的商品。若卖家发布、销售涉嫌侵犯第三方知识产权的商品,则有可能被知识产权所有人或者买家投诉,平台也会随机对商品(包含下架商品)信息进行抽查,若涉嫌侵权,则信息会被退回或删除。投诉成立或者信息被退回/删除,卖家会被扣一定的分数,一旦分数累计到达相应节点,平台会执行处罚,见表3-2。

表3-2 侵犯知识产权具体处罚规则

违规行为			违规行为情节/频次				备注	其他处罚
			第一次违规	第二次违规	第三次违规	第四次违规及以上		
《知识产权规则》	买家投诉收到假货		6分/次					退回/删除违规信息
	图片盗用投诉		0分	6分/次			首次投诉5天内算一次;其后一天内若有多次投诉成立扣一次分。时间以投诉结案时间为准	
	权利人投诉	一般侵权	0分	6分/次			首次被投诉后5天内的同一知识产权投诉成立算一次;其后每一天内所有同一知识产权投诉成立扣一次分。时间以投诉处理时间为准	
		严重侵权	0分	12分	12分/36分	24分	首次被投诉后5天内投诉成立算一次;其后每次被投诉成立扣12分,第四次扣24分;若累计同一知识产权投诉成立达三次,扣36分 一天内所有知识产权投诉成立扣一次分,时间以投诉处理时间为准(每次违规后,均需进行知识产权学习)	
	平台抽样检查/举报涉嫌侵权	一般	0.2分/次(一天内扣分不超过6分)					
		严重(发布涉嫌侵权的品牌衍生词;发布涉嫌侵权信息且类目错放)	0.2分/次(一天内扣分不超过12分)					
		特别严重 ① 全店售假 ② 进行恶意规避行为等	48分/次					

知识链接

侵犯知识产权处罚的注意事项:

1) 下架商品在"平台抽样检查/权利人投诉"范围之内,如有侵权行为会按照相关规定处罚。

2) 若三次被同一知识产权投诉成立,则第三次扣36分;若三次是不同知识产权投诉成立,则第三次扣12分。

3) 一般侵权:在所发布的商品信息或店铺、域名等中不当使用他人商标权、著作权等权利;发布、销售商品涉嫌不当使用他人商标权、著作权、专利权等权利;所发布的商品信息或所使用的其他信息造成其他用户的混淆或误认。

4) 严重侵权:发布、销售未经著作权人许可复制其作品的图书、音像制品、软件;发布、销售非商品来源国的注册商标权利人或其被许可人生产的商品。

速卖通根据违规积分的等级制定了公平的处罚标准,分数按照行为年累计计算。即假设卖家在2016年4月30日被处罚扣6分,则会被限制商品操作3天;同时,这个处罚记录会保留到2017年4月30日才被清零。屡次被处罚的店铺,速卖通会给予整个店铺不同程度的搜索排名靠后的处理,处罚方式见表3-3。

表3-3 知识产权违规处罚方式

违规行为类型	处罚标准	处罚方式
《禁限售规则》 《知识产权规则》	分数累计达2分	严重警告
	分数累计达6分	限制商品操作3天
	分数累计达12分	冻结账户7天
	分数累计达24分	冻结账户14天
	分数累计达36分	冻结账户30天
	分数累计达48分或全店铺售假、进行恶意规避等	关闭账户
注: ① 分数按行为年累计计算,行为年是指每项扣分都会被记365天,比如2013年2月1日12点被扣了6分,要到2014年2月1日12点才被清零 ② 对处罚分数不断增加的卖家,将同时给予整个店铺不同程度的搜索排名靠后处理 ③ "限制商品操作"是指对速卖通卖家发布新产品以及产品编辑功能进行关闭,无法操作 ④ 如会员侵仅情节特别严重,阿里巴巴保留单方面解除合同、直接关闭账户的权利			

四、搜索排序规则

全球速卖通搜索的整体目标是帮助买家快速找到符合需求的商品并享受良好的采购交易体验,促进市场的良好发展。影响卖家搜索排名的因素很多,包括商品的信息描述质量,商品与买家搜索需求的相关性,商品的交易转化能力,卖家的服务能力,搜索作弊的情况等。

1．商品的信息描述质量

（1）如实描述商品信息

对于卖家而言，销售的商品描述一定要真实、准确，能够帮助买家快速做出购买决策。由虚假描述引起的纠纷会严重影响商品排名情况甚至受到处罚。

（2）商品描述信息尽量准确完整

商品描述信息应包括商品的标题、发布类目、属性、图片、详细描述等，需要准确、详细地填写。

1）标题是搜索中非常关键的一个因素，卖家务必在标题中清楚地描述商品的名称、型号以及关键的一些特征和特性，好的标题有利于吸引买家进入详情页进一步查看。

2）发布类目的选择一定要准确，切忌将商品放到不相关的类目，不但买家搜索到的概率比较小，而且可能会受到处罚。

3）商品的属性填写一定要尽量完整和准确，因为这些属性将帮助买家快速了解商品，促进交易。商品的主图是商品不可或缺的一部分，实物拍摄的高质量、多角度的图片，能够帮助买家清楚了解商品，从而做出购买决策。

4）详细描述的信息一定要真实、准确，最好能够图文并茂。详细介绍商品的功能、特点、质量、优势，搭配美观的商品图片实物拍摄，有利于提升商品转化率。

2．商品与买家搜索需求的相关性

相关性是搜索引擎技术里面一套非常复杂的算法，简单地说，就是判断卖家的商品在买家输入关键词搜索与类目浏览时，与买家实际需求的相关程度，越相关的商品，排名越靠前。

在判断相关性的时候，最主要是考虑商品的标题，其次会考虑发布类目的选择、商品属性的填写以及商品的详细描述的内容。增加相关性，有助于增加商品的曝光机会。

3．商品的交易转化能力

商品的交易转化能力是指一个商品曝光的次数以及最终促成的成交之间的转化能力，转化高代表买家需求高，有市场竞争优势，从而会使排序靠前，转化低的商品会使排序靠后甚至没有曝光的机会，逐步被市场淘汰。

一个商品累积的成交和好评，有助于帮助卖家排序靠前；相反，如果一个商品买家的评价不好，会严重影响商品的排名。

4．卖家的服务能力

除商品本身的质量外，卖家的服务能力是最直接影响买家采购体验的因素。一般包括卖家的服务响应能力，订单的执行情况，订单的纠纷、退款情况及卖家的好评率等。卖家整体表现差，将影响该卖家销售的所有商品的排名。

5．搜索作弊的情况

对于搜索作弊骗取曝光机会、排名靠前情况，全球速卖通会进行日常的监控和处理，及时清理作弊的商品。常见的搜索作弊行为及处罚措施，见表3-4。

表 3-4　搜索作弊行为及处罚措施

违规行为类型	处 罚 措 施
类目错放	
属性错选	
标题堆砌	
黑五类商品错放	
重复铺货	
广告商品	① 违规商品给予搜索排名靠后或下架删除扣分处罚
描述不符	② 同时根据卖家搜索作弊行为累计次数的严重程度对整体店铺给予搜索排名靠后或屏蔽的处罚；情节特别严重的，平台将给予冻结账户或关闭账户的处罚
计量单位作弊	注：对于更换商品的违规行为，平台将增加清除该违规商品所有销量记录的处罚
商品超低价	
商品超高价	
运费不符	
SKU 作弊	
更换商品	
标题类目不符	

（1）关联性作弊

1）类目错放：是指商品实际类别与发布商品所选择的类目不一致。

2）属性错选：用户发布商品时，类目选择正确，但选择的属性与商品的实际属性不一致的情形。

3）标题堆砌：是指在商品标题中出现关键词使用多次的行为。

4）黑五类商品错放：是指订单链接等处设置的运费低于实际收取的运费的行为。

5）重复铺货：商品之间须在标题、价格、图片、属性、详细描述等字段上有明显差异。重复铺货主要包括以下三种情形：

① 图片不一样，而商品标题、属性、价格、详细描述等字段雷同，视为重复铺货。

② 如果需要对某些商品设置不同的打包方式，发布数量不得超过 3 个，超出部分的商品则视为重复铺货。

③ 同一卖家（包括拥有或实际控制的在速卖通网站上的账户），每件产品只允许发布一条在线商品，否则视为违反重复铺货政策。

6）广告商品：以宣传店铺或商品为目的，发布带有广告性质（包括但不限于在商品标题、图片、详细描述信息中留有联系信息或非速卖通的第三方链接等）的信息，吸引买家访问，而信息中商品描述不详或无实际商品。

7）描述不符：是指标题、图片、属性、详细描述等信息之间明显不符，信息涉嫌欺诈成分。

8）计量单位作弊：是指发布商品时，将计量单位设置成与商品常规销售方式明显不符的单位；或将标题、描述里的包装物也做销售数量计算，并将产品价格平摊到包装物上，误导买家的行为。

9）运费不符：是指卖家在标题及运费模板等处设置的运费低于实际收取的运费的行为。

10）标题类目不符：是指商品类目或者标题中部分关键词与实际销售产品不相符。
（2）价格不符
1）商品超低价：是指卖家以较大偏离正常销售价格的低价发布商品，在默认和价格排序时吸引买家注意，骗取曝光。
2）商品超高价：是指卖家以较大偏离正常销售价格的高价发布商品，在默认和价格排序时吸引买家注意，骗取曝光。
3）SKU作弊：是指卖家以刻意规避商品SKU设置规则，滥用商品属性（如套餐、配件等）设置过低或者不真实的价格，使商品排序靠前（如价格排序）的行为；或者在同一个商品的属性选择区放置不同商品的行为。
（3）销量作弊
更换商品：是指通过对原有商品的标题、价格、图片、类目、详情等信息的修改发布其他商品（含产品的更新换代，新产品应选择重新发布），对买家的购买造成误导；但如修改只涉及对原有产品信息的补充、更正，而不涉及产品更换，则不视为"更换产品"的行为。

第三节 交 易 规 则

在交易环节，有一些是卖家需要注意的规则，否则，一旦违反相关规则，轻则扣分，重则关闭店铺。

一、虚假发货

1. 虚假发货的定义

虚假发货是指在规定的发货期内，卖家填写的货运单号无效或虽然有效但与订单交易明显无关，误导买家或全球速卖通平台的行为。例如：为了规避成交不卖处罚填写无效货运单号或明显与订单交易无关的货运单号等。

1）货运单号无效：是指货运单号本身不存在，包括使用小包未挂号导致无法追踪物流信息的情况。

2）虽然有效但与订单交易明显无关：是指货运单号虽然存在，但与订单下单时间不符（如物流的收件时间明显早于订单下单时间），或寄递的地址明显与买家提供的地址不同（如寄递地址与收件人地址不在一个国家）。

2. 虚假发货的分类

虚假发货行为根据严重程度，分为虚假发货一般违规、虚假发货严重违规、虚假发货特别严重等。虚假发货严重违规行为包括但不限于以下情形：

1）虚假发货订单金额较大。
2）买卖双方恶意串通，在没有真实订单交易的情况下，通过虚假发货的违规行为误导速卖通平台放款。
3）多次发生虚假发货一般违规行为。

3. 处罚规则

如果被判定为虚假发货，可能面临以下处罚，见表3-5。

表3-5 违规处罚措施

违 规 情 形	处 罚 措 施
虚假发货一般违规	2分/次
虚假发货严重违规	12分/次
虚假发货特别严重	48分/次

说明：速卖通平台将根据卖家违规行为情节严重程度进行扣分或直接关闭账号的判定。被平台认定为虚假发货的，不论是虚假发货一般违规、严重违规或是特别严重，平台将立即关闭该笔订单，并将订单款项退还买家，由此导致的责任由卖家承担。

二、不正当竞争

1. 不正当竞争的定义

不正当竞争是指用户发生以下行为：

1) 不当使用他人权利。

① 卖家在所发布的商品信息或所使用的店铺名、域名等中不当使用他人的商标权、著作权等权利。

② 卖家所发布的商品信息或所使用的其他信息造成消费者误认、混淆。

2) 卖家通过自身或利用其他会员账户对其他卖家进行恶意下单、恶意评价、恶意投诉的行为，影响其他卖家声誉与正常经营。

知识链接

1) 恶意下单：是指卖家利用海外会员账户对其他卖家进行下单，对其他卖家正常经营造成影响的行为，如拍库存不付款。

2) 恶意评价：是指卖家利用海外会员账户对其他卖家进行下单，恶意给出差评或评价内容与事实不符的行为。

3) 恶意投诉：是指卖家通过自身或利用其他会员账户对其他卖家进行投诉，且投诉内容无相应依据的行为。

2. 处罚规则

根据不正当竞争的严重程度，分为不正当竞争一般违规和不正当竞争严重违规。不正当竞争严重违规行为包括但不限于以下情形：

1) 对其他卖家的正常经营造成恶劣影响。

2) 使买家造成严重误认，混淆，严重影响购物体验。

3) 卖家在平台调查过程中做虚假陈述或提供虚假证明资料。

4) 卖家不接受平台提醒或整改要求，仍明知故犯。

不正当竞争处罚规则见表3-6。

表 3-6 不正当竞争处罚规则

违规行为	处罚措施
不正当竞争一般违规	1 分/次
不正当竞争严重违规	3 分/次
不正当竞争情节特别严重	48 分/次

三、货不对版

1. 货不对版的定义

货不对版是指买家收到的商品与达成交易时卖家对商品的描述或承诺在类别、参数、材质、规格等方面不相符。严重违规行为包括但不限于以下：

1) 寄送空包裹给买家。
2) 订单产品为电子存储类设备，产品容量与产品描述或承诺严重不符。
3) 订单产品为计算机类产品硬件，产品配置与产品描述或承诺严重不符。
4) 订单产品和寄送产品非同类商品且价值相差巨大。

2. 处罚规则

一旦卖家被买家投诉货不对版，速卖通平台将根据卖家以上违规行为情节严重程度进行处罚，见表 3-7。

表 3-7 货不对版处罚规则

违规行为	处罚措施
严重货不对版一般违规	2 分/次
严重货不对版严重违规	12 分/次
严重货不对版情节特别严重	48 分/次

四、信用及销量炒作

1. 信用及销量炒作的定义

信用及销量炒作是指通过不正当方式提高账户信用积分或商品销量，妨害买家高效购物权益的行为。

2. 处罚规则

1) 对于被平台认定为构成信用及销量炒作行为的卖家，平台将删除其违规信用积分及销量记录且给予搜索排序靠后处罚，对信用及销量炒作行为涉及的订单进行退款操作，并根据其违规行为的严重程度，分别给予 6 分/次、12 分/次、24 分/次、48 分/次或直接清退的处罚。

2) 对于第二次被平台认定为构成信用及销量炒作行为的卖家，不论行为的严重程度如何，平台一律做清退处理。

五、不法获利

1. 不法获利的定义

不法获利是指卖家违反速卖通规则，涉嫌侵犯他人财产权或其他合法权益的行为。包括但不限于以下情形：

1）卖家通过发布或提供大量虚假的或与承诺严重不符的商品、服务或物流信息骗取交易款项的。

2）交易中诱导交易对方违背速卖通正常交易流程操作并获得不正当利益的。

3）发送钓鱼链接或木马病毒信息用于骗取他人财物的。

4）利用非法手段骗取平台优惠券、保证金、平台赔付基金等款项的。

5）假借速卖通及其关联公司工作人员或速卖通店铺客服名义行骗的。

6）通过第三方账户实施诈骗行为骗取他人财物的。

7）卖家违反速卖通规则，通过其他方式非法获利的。

2．处罚规则

一旦卖家被判定为有不法获利的行为，全球速卖通平台将给予直接扣除 48 分或直接关闭账户的处理。

六、违背承诺

1．违背承诺的定义

违背承诺是指卖家未按照以下承诺向买家提供服务，损害买家正当权益的行为：

（1）交易及售后相关服务承诺，包括但不限于

1）卖家拒绝按照买家拍下的价格进行交易（交易双方线下另有约定的除外），或卖家承诺对商品价格给予优惠，但实际未履行。

2）卖家承诺给予买家赠品或发票等交易商品之外的物品，但实际未赠与或给付。

3）卖家承诺给予买家退换货、包维修等售后服务，但实际未履行。

（2）物流相关承诺，包括但不限于

1）卖家在商品标题或内容中承诺免运费，但买家实际下单时发现有运费。

2）卖家在交易订立过程中自行承诺或与买家约定了特定的运送方式、运送物流、快递公司等，但实际未按照相关承诺或约定履行。

3）卖家承诺承担退货运费，但实际未履行。

（3）违背平台既定规则或要求，包括但不限于

1）平台要求买卖双方的交易行为必须在线进行，但卖家以各种方式引导买家不通过速卖通平台进行支付和交易。

2）卖家参加速卖通官方活动，但未按照活动要求（除发货时间外）提供服务。

（4）卖家违背其自行做出的其他承诺。

2．处罚规则

违背承诺根据严重程度，分为违背承诺一般违规和违背承诺严重违规。违背承诺严重违规行为包括但不限于以下情形：

1）对买家购物体验造成严重影响。

2）卖家在平台调查过程中做虚假陈述或提供虚假证明资料。

3）卖家不接受平台提醒或整改要求，仍明知故犯。

一旦违背承诺，将受到相关处罚，见表 3-8。

表 3-8 违背承诺处罚规则

违 规 行 为	处 罚 措 施
违背承诺一般违规	1 分/次
违背承诺严重违规	3 分/次
违背承诺情节特别严重	48 分/次

七、促销活动

1．准入条件

卖家在速卖通平台的交易情况需满足以下条件，才有权申请加入平台组织的促销活动：

（1）有交易记录的卖家，需满足如下条件

1）好评率≥90%。

2）速卖通平台对特定促销活动设定的其他条件。

当然，上述的"好评率"非固定值，不同类目、特定活动或遇到不可抗力事件影响，会适当进行调整。

（2）无交易记录的卖家

由速卖通平台根据实际活动需求和商品特征制定具体卖家准入标准。

2．违规及处罚规则

卖家在促销活动中发生违规行为的，速卖通平台有权根据违规情节，禁止或限制卖家参加平台各类活动，情节严重的，速卖通平台有权对卖家账号进行冻结、关闭或采取其他限制措施。具体规则见表 3-9。

表 3-9 促销活动规则

违 规 行 为	违规行为定义	违 规 处 罚
出售侵权商品	出售侵权商品是指促销活动中，卖家出售假冒商品、盗版商品等违反第 7.2 条规定的产品或其他侵权产品	取消当前活动参与权；根据速卖通相应规则进行处罚
违反促销承诺	违反促销承诺是指卖家商品从参加报名活动开始到活动结束之前，要求退出促销活动，或者要求降低促销库存量，提高折扣，提高商品和物流价格，修改商品描述等行为	取消当前活动参与权，根据情节严重程度确定禁止参加促销活动 3~9 个月；根据速卖通相应规则进行处罚
提价销售	提价销售是指在买家下单后，卖家未经买家许可，单方面提高商品和物流价格的行为	取消当前活动参与权，根据情节严重程度确定禁止参加促销活动 3~9 个月；根据速卖通相应规则进行处罚
成交不卖	成交不卖是指在买家下单后，卖家拒绝发货的行为	根据情节严重程度的情况，禁止参加促销活动 6 个月
强制搭售	强制搭售是指卖家在促销活动中，单方面强制要求买家必须买下其他商品或服务，方可购买本促销商品的行为	禁止参加促销活动 12 个月，根据速卖通相应规则进行处罚
不正当谋利	不正当谋利是指卖家采用不正当手段谋取利益的行为，包括： ① 向速卖通工作人员及/或其关联人士提供财物、消费、款待或商业机会等 ② 会员通过其他手段向速卖通工作人员谋取不正当利益的行为	根据不正当谋利的规则执行处罚，关闭商家店铺

第四节 放款规则

为确保速卖通平台交易安全,保障买卖双方合法权益,通过速卖通平台进行交易产生的货款,速卖通及其关联公司根据相关协议及规则,有权根据买家指令、风险因素及其他实际情况决定相应放款时间及放款规则。

一、放款时间

1)速卖通根据卖家的综合经营情况(如好评率、拒付率、退款率等)评估订单放款时间:

① 在发货后的一定期间内进行放款,最快放款时间为发货3天后。
② 买家保护期结束后放款。
③ 账号关闭且不存在任何违规违约情形的,在发货后180天放款。

2)如速卖通依据合理相信判断订单或卖家存在纠纷、拒付、欺诈等风险的,速卖通有权视具体情况延迟放款周期,并对订单款项进行处理,放款规则见表3-10。提前放款保证金释放时间见表3-11。

表3-10 放款规则

账号状态	放款规则		
	放款时间	放款比例	备注
账号正常	发货3个自然日后(一般是3~5天)	70%~97%	保证金释放时间见提前放款保证金释放时间表
		100%	
	买家保护期结束后	100%	买家保护期结束:买家确认收货/买家确认收货超时后15天
账号关闭	发货后180天	100%	无

表3-11 提前放款保证金释放时间表

类型	条件		保证金释放时间
按照订单比例冻结的保证金	商业快递+系统核实物流妥投	无	交易结束当天
	① 商业快递+系统未核实到妥投 ② 非商业快递	交易完成时间-发货时间≤30天	发货后第30天
		交易完成时间-发货时间30~60天	交易结束当天
		交易完成时间-发货时间≥60天	发货第60天
固定保证金	账号被关闭 退出提前放款 提前放款不准入	无	提前放款的订单全部结束(交易完成+15天)后,全额释放

知识链接

1)商业快递:包括UPS、DHL、FedEx、TNT、顺丰。
2)物流妥投:是指运单号物流信息显示货物已被签收,且签收信息与订单信息相吻合,以平台系统核实到的物流妥投记录为准。

① 并非每笔订单均可在发货后或交易结束前放款，如果该笔订单有异常或疑似异常（或存在平台认为不适合予以特别放款情形的），平台有权拒绝放款。

② 如果卖家不再符合卖家综合经营情况评估指标（纠纷率、退款率、好评率等）；卖家违反平台规定进行交易操作的；卖家未在规定时间内补足保证金的；卖家存在其他涉嫌违反《承诺函》、协议或平台规则的行为等，平台将取消卖家相关资格。

③ 对于速卖通评估符合条件，可在发货后或者交易结束前获得提前放款的卖家。卖家授权速卖通及 Alipay Singapore E-Commerce Private Limited 在卖家国际支付宝账户冻结一定数额的"放款保证金"，平台有权根据卖家的经营状况对保证金额度进行调整。

二、放款方式

买家确认收到货物或买家确认收货超时情况下，系统会自动核实订单中所填写货运跟踪号（以下简称：运单号）。系统将会核对运单号状态是否正常、妥投地址是否与订单中的收货地址一致等信息。

如运单号通过系统审核，系统会自动将款项支付到卖家的相应收款账户中。如运单号未通过系统审核，订单将会进入服务部人工审核流程。所有进入服务部人工审核流程的订单，服务人员都会根据运单号的查询情况进行判断。目前主要有以下几种情况：

1）地址不一致（运单号妥投地址与买家提供的收货地址不一致）：服务人员会联系卖家，请卖家提供发货底单。

2）未妥投（订单中部分或全部运单号的查询结果未正常显示妥投）：服务人员会联系买家，核实买家是否已经收到货物，如买家表示收到货物，正常放款；如未收到，请卖家配合向快递公司进行查询。

3）运单号无效（运单号无法查询到任何信息）：服务人员会联系卖家提供发货底单。

4）货物被退回（运单号显示货物已经被退回）：服务人员会联系卖家核实是否收到货物，并做退款处理。

三、申请放款

如果卖家需要申请放款，首先要登录"我的速卖通"，进入美元或人民币的待放款订单列表，可以看到"申请放款"按钮。单击该按钮，在弹出的对话框中上传物流妥投证明，如图3-2所示。

图3-2　申请放款

单击了"申请放款"按钮后需要上传以下证据:

1) 物流网站上查询到货物已经被签收的信息, 截图上传, 需要包含具体的运单号和相关签收信息。

2) 订单留言中, 买家已经明确收到货物的信息。

3) 物流审核部门发送的邮件中明确要求提供的其他凭证, 如发货底单、物流运费凭证等。

速卖通会根据卖家上传的凭证进行审核, 如果审核不通过, 仍不能放款。"申请放款"是给卖家加速回款周期的一条自助通道, 卖家要上传有效的"妥投凭证", 如物流官方网站查到被签收的信息截图、订单留言中买家确认收货的截图等。一旦卖家多次上传无效的凭证, 速卖通平台将取消该卖家的申请放款功能并有可能对卖家进行处罚。

第五节 售后规则

卖家要想做好售后服务, 需要认真履行全球速卖通售后规则中最重要的两个规则:承诺运达时间服务、商品保障服务。同时, 为了增强卖家的服务意识, 速卖通平台推出了卖家服务等级。

一、承诺运达时间服务

承诺运达时间是指卖家根据自身货运能力填写运费模板中的"承诺运达时间", 对不同运输方式到达不同国家的运达时间进行保障。一般"承诺运达时间"从卖家填写运单号开始到货物托妥投为止, 填写上限为60天, 其中俄罗斯上限为90天, 巴西为120天。

一旦货物没有按照承诺运达时间到达, 买家提起超时赔付纠纷, 买卖双方又不能达成协议时, 经过平台仲裁, 货款将全部退给买家。因此, 卖家要合理设置承诺运达时间, 可从以下四个方面着手。

1) 选择信誉良好的货代提供物流服务, 及时了解各物流方式到达不同国家的时间信息。

2) 对于难以查询妥投信息、大小包运输时效差的国家, 设置不发货。

3) 遇到节日或活动, 适当延长承诺运达时间。

4) 与买家保持良好沟通, 如货物无法按时到达, 及时与买家联系并说明情况, 取得买家的同意后延长收货期。

二、商品保障服务

1. 商品保障服务的定义

商品保障服务是指卖家根据协议约定的条款和条件及速卖通其他公示规则的规定, 根据经营的主营类目或特定商品, 应履行的确保商品材质、质量、真假的义务。

加入商品保障服务, 需要交纳一定的保证金。在卖家未履行"商品保障服务"承诺时用于对买家进行赔付及向速卖通承担违约责任。卖家需要根据不同的特色"商品保障服务"缴纳相应额度的保证金。

一旦卖家与买家进行交易后, 未履行"商品保障服务"承诺而导致买家权益受损, 且在买家直接要求卖家处理未果的情况下，速卖通将以普通或非专业人员的知识水平标准，根据相关证据材料和规则判定卖家是否应履行赔付义务。如果判定卖家需要赔付，则速卖通将从卖家保证金中直接扣除相应金额保证金款项，或者动用卖家支付宝国际账户中的余额赔付给买家。同时，速卖通会根据协议约定的条款和条件及速卖通其他公示规则的规定自卖家的保证金中扣除一定金额的保证金作为卖家违反本协议而向速卖通承担违约责任的违约金。

知识链接

支付宝国际账户是指卖家使用支付宝国际服务时由 Alipay Singapore E-Commerce Private Limited 为卖家提供的一个唯一的编号，用于查询及管理相关账户资金余额。

2．商品保障服务内容

在卖家向买家提供"商品保障服务"过程中，卖家要遵守以下约定：

1）遵守本协议、《ALIBABA.COM Free Membership Agreement》、《Alibaba.com Transaction Services Agreement》、《Escrow Services Agreement》以及所有公示于速卖通与"商品保障服务"相关的规则。

2）卖家拥有合法的权利和资格在速卖通上传有关商品销售信息，且前述行为未对任何第三方合法权益，包括但不限于第三方知识产权、财产权等构成侵害。如因卖家行为导致速卖通或其关联公司遭受任何第三方提起的索赔、诉讼或行政责任，卖家要承担相应责任并使速卖通免责。

3）卖家根据速卖通的要求，向速卖通提供其所需要的相关资料及信息，包括但不限于营业执照、产品质量许可证、品牌权利证明、进货渠道证明及生产、销售、出口相关的许可证明等；并确保该等材料及信息真实、准确、完整。对于上述证明材料及信息的任何变更，卖家要及时通知速卖通，并就未及时通知或更新其材料及信息承担全部责任。

4）卖家在商品描述页面、店铺页面等所有速卖通提供的渠道中，对上传于速卖通平台的商品信息进行如实描述，包括但不限于对商品的基本属性、成色、瑕疵等必须说明的信息进行真实、准确、完整的描述，并对描述的商品信息负有举证责任。卖家出售的商品要在合理期限内可正常使用，不存在危及人身财产安全的不合理危险，具备商品应当具备的使用性能，符合商品或其包装上注明采用的标准等。

5）特色交易约定服务：卖家根据店铺主营类目（特定商品）自愿选择向买家提供"特色交易约定服务"时，卖家要严格依照所承诺的服务内容向买家履行义务，速卖通将为卖家提供统一的"特色交易约定服务"后台选择工具，并在速卖通前台公示各类交易约定服务的相关规则。

三、卖家服务等级

卖家的商品质量及服务能力对于买家的购买决策有着至关重要的影响，特别是商品描述及评价、沟通效率、纠纷处理效率和态度等方面。为了凸显卖家的服务质量，速卖通平台推出了卖家服务等级，考核卖家在买家服务方面的各项能力，激励卖家提升店铺服务水平。

卖家服务等级每月末评定一次，下月3号前在后台更新，考核过去90天卖家的经营能力，包括买家不良体验订单率（Order Defect Rate，ODR）、卖家责任裁决率、好评率等，重点考核体现卖家交易及服务能力的一项新指标——买家不良体验订单率，即买家不良体验订单占所有考核订单的比例。根据考核结果将卖家划分为优秀、良好、及格和不及格卖家，不同等级的卖家将获得不同的平台资源。

1. 买家不良体验订单

买家不良体验订单率 ODR=买家不良体验订单数/所有考核订单。即考核期内满足以下任一条件的订单：买家给予中差评、DSR 中低分（商品描述≤3 星或卖家沟通≤3 星或物流服务=1 星）、成交不卖、仲裁提起订单、卖家 5 天不回应纠纷导致纠纷结束的订单。考核期为 90 天，每月最后一天考核过去 90 天的订单情况。买家不良体验见表 3-12。

表 3-12 买家不良体验

买家不良体验类型	指 标 详 解
成交不卖	买家对订单付款后，卖家逾期未发货或由于卖家原因导致付款订单未发货的行为
仲裁提起	买卖双方对于买家提起的纠纷处理无法达成一致，最终提交至速卖通进行裁决的行为
5 天不回应纠纷	卖家提起或修改纠纷后，卖家在 5 天之内未对纠纷订单做出回应导致纠纷结束的行为
中差评	在订单交易结束后，买家对卖家该笔订单总评给予的 3 星及以下的评价
DSR 商品描述中低分	在订单交易结束后，买家匿名给予分项评价——商品描述的准确性（Item as described）3 星及以下的评价
DSR 卖家沟通中低分	在订单交易结束后，买家匿名给予分项评价——沟通质量及回应速度（Communication）3 星及以下的评价
DSR 物流服务 1 分	在订单交易结束后，买家匿名给予分项评价——物品运送时间合理性（Shipping speed）1 星评价

知识链接

买家不良体验注意事项：

1）如果一个订单同时满足两个及以上的不良体验描述，只计一次，不会重复计算。

2）如果一个订单在考核期内只有评价产生了不良体验，且属于评价不计分的订单，则不会计入 ODR 的计算中。

2. 考核订单

考核订单是指以下任一时间点发生在考核期内的订单：卖家发货超时时间、买家选择卖家原因并成功取消订单的时间、买家确收或确认收货超时时间、买家提起/修改纠纷时间、仲裁提起/结束时间、评价生效/超时时间。

例如：10 月展示的服务等级，考核期为 7 月 3 日～9 月 30 日。如果卖家账户里有 3 笔评价生效的订单，评价生效时间分别是 7 月 2 日和 9 月 5 日，那么 7 月 2 日生效的订单不会计入考核订单中，9 月 5 日生效的订单由于在考核期 7 月 3 日～9 月 30 日之内，所以会计入考核订单中。

3. 服务等级的分级标准

历史累计结束的已支付订单数≥30 笔的卖家，将根据卖家在考核期内的表现分为优秀、良好、及格和不及格四个等级，各等级要求见表 3-13。

表 3-13 服务等级的分级标准

评级	优秀	良好	及格	不及格
标准	符合以下所有条件： ① 考核订单量≥90 笔 ② ODR<3.5% ③ 卖家责任裁决率<0.8%（手机、平板电脑类目为<1%） ④ 90 天好评率≥97%	符合以下所有条件： ① 考核订单量≥30 笔 ② ODR<6% ③ 卖家责任裁决率<0.8%（手机、平板电脑类目<1%） ④ 90 天好评率≥95%	符合以下所有条件： ① ODR<12% ② 卖家责任裁决率<0.8%（手机、平板电脑类目为<1%） ③ 90 天好评率≥90%	符合以下任一条件： ① ODR≥12% ② 卖家责任裁决率≥1%

历史累计结束的已支付订单<30 笔的卖家，属于成长期卖家，不参与卖家服务等级的考核

知识链接

1）考核订单量是指考核期内 ODR 的分母。
2）90 天好评率=过去 90 天内产生的好评数/（过去 90 天内的好评数和差评数总和）。
3）卖家责任裁决率是指过去 90 天内提交至平台进行裁决且最终被判为卖家责任的订单数与发货订单数之比。计算方法：卖家责任裁决率=过去 90 天提交至平台进行裁决且最终被裁定为卖家责任的纠纷订单数/[过去 90 天买家确认收货/确认收货超时+买家提起退款（dispute）并解决+提交到速卖通进行裁决（claim）并裁决结束的订单数总和]。
4）若考核期内，买家不良体验的订单来自 2 个及以下买家时，将不考核 ODR。
5）若考核期内，卖家责任裁决订单数仅为 1，将不考核其卖家责任裁决率。

4．各等级卖家的资源

不同等级的卖家将在橱窗推荐数、搜索排序曝光、提前放款特权、平台活动、营销邮件数等方面享有不同的资源。等级越高的卖家享受的资源奖励越多，"优秀"卖家将获得"Top-Rated Seller"的标志，买家可以在搜索商品时快速发现优秀卖家，并选择优秀卖家的商品下单。指标表现较差的卖家将无法报名平台活动，且搜索排序上会受到不同程度的影响。各等级卖家的资源见表 3-14。

表 3-14 各等级卖家的资源

奖励资源	优秀	良好	及格	不及格	成长期
橱窗推荐数	3 个	1 个	无	无	无
搜索排序曝光	曝光优先 特殊标志	曝光优先	正常	曝光靠后	正常
提前放款特权	有机会享受最高放款比例	无法享受最高放款比例	无法享受最高放款比例	无法享受最高放款比例	无法享受最高放款比例
平台活动	优先参加	允许参加	允许参加	不允许参加	允许参加
营销邮件数	500	200	100	无	100

卖家等级每月 3 日前更新评级结果，每次评级结果影响当月的资源分配。针对卖家服务等级被连续评级为不及格卖家或给买家带来严重不良体验的卖家，速卖通可能会将其清退。

卖家可以在"我的速卖通"中查看当前所处等级，以及等级对应的详细报表。卖家等级见表3-15。

表3-15 卖家等级

卖家等级					
目前等级：					
	优质产品数	30天交易额	30天好评率	30天退款率	30天回头购买金额
目前完成量	152个	US$1,511.71	91.7%	0.0%	US$0.00
升级要求	—	US$1,000.00	95.0%	4.0%	
尚待完成			3.3%		
升级后资源	橱窗推荐20个　图片银行空间550MB				

以上是目前速卖通平台的一些主要规则，但规则是不断更新和变化的，如有变动，请参照《全球速卖通规则》里的规则体系。

 **小故事**

卖家因口出恶言被处罚

买家Lucy因商品描述不符问题向卖家小林提起纠纷。小林收到站内信后，过了两天才联系Lucy了解相关情况。原来Lucy买的一条连衣裙与图片的颜色有明显差异。小林得知后，只愿意退一部分款项。由于买家不接受赔偿条件，小林一着急口出恶言。双方提起仲裁，Lucy截图了双方站内信的内容，速卖通平台判定小林退还全部货款，Lucy也一气之下给该笔订单差评并且生效，小林悔恨不已。

本 章 小 结

作为卖家，对速卖通规则的熟练掌握有助于卖家在注册、上架产品、销售及售后服务中赢得先机，避免触犯平台的一些雷区，影响商品及店铺的排序。同时，也有利于卖家了解买家需求，迅速提升卖家等级，获得更多的资源。

本 章 习 题

1．什么情形下注册的账号会被关闭或终止？
2．搜索作弊的行为有哪些？会受到哪些相应的惩罚？
3．商品保障服务内容有哪些？

PART 4 第四章 选择货源

开店最重要的就是要有好货源,特别是对于新手卖家而言,货源就如同水源,只有选好了货源,才能不断为店铺注入新的活水,带来好的发展前景。因此,做好市场分析,对店铺有一个明确的认识,从而选择合适的货源,并根据所选择的货源制定合理的价格,是成为一名成功速卖通卖家的关键。

第一节 分析市场

随着经济全球化以及互联网的高速发展,消费者网络购物的优点变得更加突出,日益成为更加重要的购物形式。但商品的同质化现象和价格冲突等矛盾是卖家需要解决的一大难题。因此,速卖通卖家要利用速卖通的大数据平台"数据纵横"针对行业和选品进行分析,做好前期市场调查和数据分析,结合自身实际,准确做好市场定位,才能事半功倍。

一、行业分析

1. 速卖通行业情报

速卖通行业情报模块,共有"行业概况"和"蓝海行业"两个子模块,可以帮助卖家了解某个具体行业的概况,并选择一个具有发展潜力的行业。

1)"行业概况"主要包括行业数据、行业趋势及行业国家分布三个模块,有助于了解你希望知道的行业的具体数据。

操作指南

步骤1:进入"我的速卖通",选择"数据纵横"菜单,在左侧的"商机发现"标签,单击"行业情报",选择"行业概况"选项,如图4-1所示。

步骤2:可通过下拉菜单选择行业及产品类目,如图4-2所示,并且选择一个时间段(最近7天/30天/90天)。

步骤3:根据搜索,可了解这个行业的相关数据及周涨幅,如图4-3所示。

图 4-1　行业概况

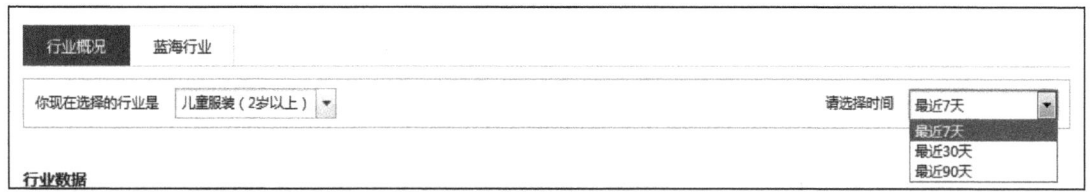

图 4-2　选择行业及产品类目

行业数据					
	流量分析		成交转化分析		市场规模分析
	访客数占比	浏览量占比	支付金额占比	支付订单数占比	供需指数
最近7天均值	56.62%	53.31%	52.27%	45.59%	153.21%
环比周涨幅	↓ -0.74%	↓ -1.02%	↓ -2.1%	↓ -0.57%	↓ -0.66%

图 4-3　行业数据

 知识链接

1）成交额占比：统计时间段内行业支付成功金额占上级行业支付成功金额比例。一级行业占比为该行业占全网比例。

2）成交订单数占比：统计时间段内行业支付成功订单数占上级行业支付成功订单数比例。一级行业占比为该行业占全网比例。

3）商品售出率：在售商品中商品售出比例。

4）访客数占比：统计时间段内行业访客数占上级行业访客数比例。一级行业占比为该行业占全网比例。

5）浏览量占比：统计时间段内行业浏览量占上级行业浏览量比例。一级行业占比为该行业占全网比例。

6）在售商品数：统计时间段内行业下在售商品总数均值。

7）卖家成交率：统计时间段内行业下有成交（有支付成功排风控订单）且有上架产品主卖家数。

8）供需指数：统计时间段内行业下商品指数/流量指数。该值越大，竞争越激烈。该值越小，竞争越小。

步骤4：行业趋势包括"趋势图"和"趋势数据明细"两部分，单击"趋势图"按钮，可以查看选择行业在某个相对时间段内的数据趋势情况，可以分别单击"访客数占比""在售商品数""商品售出率""卖家成交率""供需指数"等查看相关趋势图，了解各指标的相关走势，帮助卖家了解行业目前发展趋势。

另外，如果想把不同行业之间的数据进行对比研究，可以在下拉菜单中选择两个或三个行业进行对比，查看各行业的指标趋势，如图4-4所示。

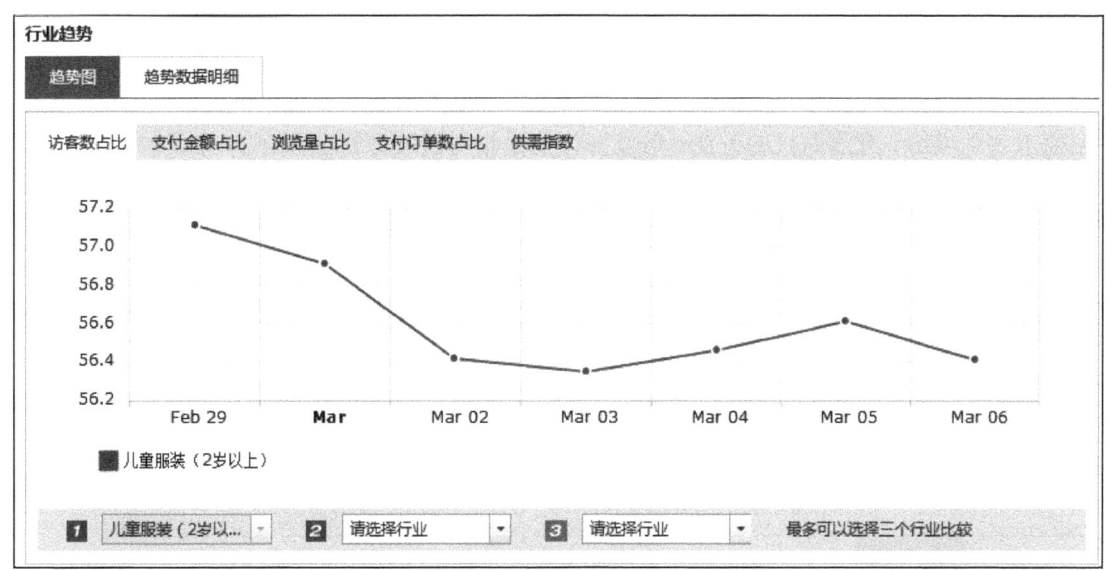

图4-4 行业趋势

步骤5：单击"趋势数据明细"按钮，可以了解所选行业每天的数据情况，并且可以下载最近30天的原始数据，帮助卖家进一步分析该行业，如图4-5所示。

	流量分析		成交转化分析		市场规模分析
	访客数占比	浏览量占比	支付金额占比	支付订单占比	供需指数
2016-02-29	57.11%	53.27%	54.5%	46.02%	150.72%
2016-03-01	56.91%	53.14%	52.95%	45.63%	156.34%
2016-03-02	56.42%	53.01%	53.32%	45.35%	152.9%
2016-03-03	56.35%	53.43%	51.13%	44.91%	152.64%

图4-5 行业趋势数据明细

步骤6：在"行业国家分布"板块，可以从成交额及访客数了解所选择行业在不同国家的需求分布情况，这对卖家在商品发布和运费设置时有一定的参考作用，如图4-6所示。

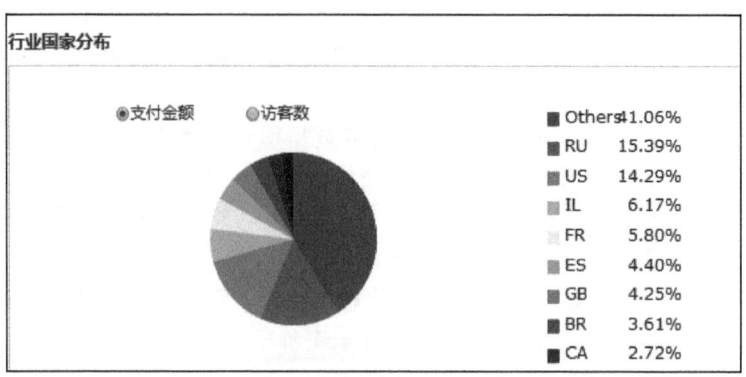

图4-6　行业国家分布

2）蓝海是指未知的、有待开拓的市场空间。蓝海行业是指当前竞争对手相对较少，买家需求大于供给，充满商机的行业。但蓝海行业是相对于红海行业而言的，红海行业是指竞争非常激烈的行业，随着时间的推移，蓝海行业也有可能成为红海行业，因此，积极寻找蓝海行业，占据先机，有利于卖家赢得更大的发展空间。

　操作指南

步骤1：单击"蓝海行业"按钮，下拉选择时间段（最近7天/30天/90天），可看到一级行业蓝海程度的排行，越蓝代表行业内竞争越不激烈，卖家将有更大的竞争优势，如图4-7所示。

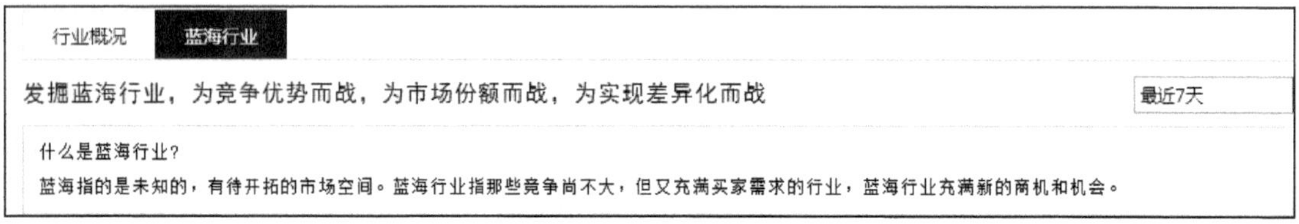

图4-7　蓝海行业

步骤2：单击所希望了解的行业的圆圈，可以查看该行业的流量、交易、售出率以及供需指数等，如图4-8所示。

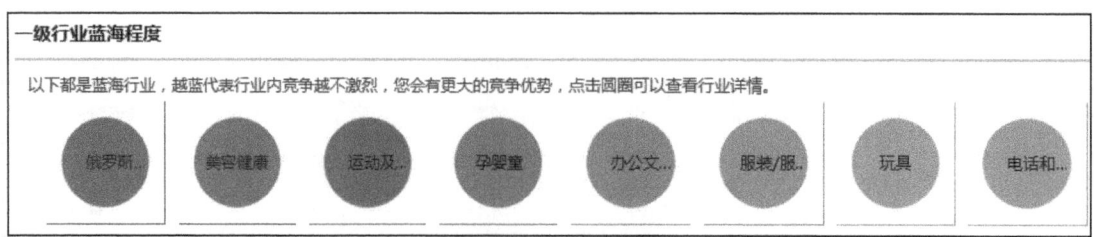

图4-8　一级行业蓝海程度

步骤3：单击"查看行业详情"按钮，会进入到对应的"行业趋势"界面，有利于卖家研究更加详细的相关数据，如图4-9所示。

蓝海行业细分			
孕婴童>儿童服装（2岁以上）	您可以通过筛选，查找特定行业下的蓝海行业		
叶子行业名称		供需指数	操作
儿童服装（2岁以上）>泳衣/沙滩服>男孩泳裤		76.39%	查看行业详情
儿童服装（2岁以上）>睡衣/睡袍>睡袍		37.59%	查看行业详情
儿童服装（2岁以上）>泳衣/沙滩服>沙滩短裤		35.78%	查看行业详情

图4-9 蓝海行业细分

需要注意的是，"蓝海行业"的产品不一定竞争都较弱，因为一个行业产品类目太多，一些行业的子行业竞争也比较激烈。因此，在定位时，速卖通的"行业情报"数据只能作为决策的参考工具之一，还应结合其他的因素进行市场定位。

2. 浏览跨境电商平台

多浏览其他跨境电商平台，如亚马逊、eBay、Wish、兰亭集势、敦煌等。考察在这些跨境平台上各行业类目及产品销量情况、产品详情等的设置，为速卖通店铺的市场定位做参考。

3. 实地考察

如果情况允许，卖家可以到国外市场进行实地考察，这是较为准确的一种市场调查方法，可以真实地调研当地网购的行业分布情况及产品类别。但此渠道的调研前期花销较大，需要一定的资金支持。

总而言之，只有对市场进行专业的数据分析，对商品有一个全方位、多层次的了解，卖家才能对店铺进行准确的市场定位，才能在市场中占据有利份额，开拓发展空间。

二、选品分析

影响店铺销量的因素很多，其中选品是不容忽视的一个重要环节。一个店铺如果想要有流量、曝光度和下单量，就一定要认真做好选品工作。

1. 选品原则

（1）选品要与网店定位一致

选择商品时，首先考虑的因素是要与商店的定位一致。比如商品定位是化妆品店，就需要选择以化妆品为主要类目的商品，包括护肤品（保湿水、保湿霜等）、彩妆品（唇膏、眼影、睫毛膏、粉底等）、化妆工具（腮红刷、眼影刷等），这样有利于树立店铺专业化的销售形象，彰显网店明确的市场方向。但如果在化妆品店出售高跟鞋，就有些不伦不类，影响店铺的整体定位。

(2) 选品要了解产品特性

选品一定要了解你的产品的行业属性、产品定位层次、面对的消费群体以及市场竞争对手。只有对产品的特性有充分透彻的研究，才能做一个准确的产品定位，从而在销售过程中，如商品详情设置时突出产品的优势和卖点，提高成交率。

(3) 选品要注意营销区域范围及物流配送体系

在选品时，不可忽略产品在营销区域范围及当前物流配送体系中的一些限制。特别是跨境电商，涉及海关、商检，一些特殊的品类还涉及很多主管部门。因此，在选择产品时，要考虑政策的统一性和稳定性，否则可能会出现无法配送到位的问题，从而影响卖家的信誉和出现物流费用过大的情况。

2. 选品方法

速卖通的选品方法主要侧重于分析"选品专家"的数据，以行业为维度，提供行业下热卖商品和热门搜索关键词的数据，让你能够查看海量丰富的热卖商品资讯并多角度分析买家搜索关键词。你可以根据选品专家提供的内容调整产品，优化关键词设置。

进入"我的速卖通"，选择"数据纵横"菜单，在左侧的"商机发现"标签下单击"选品专家"按钮，如图 4-10 所示。

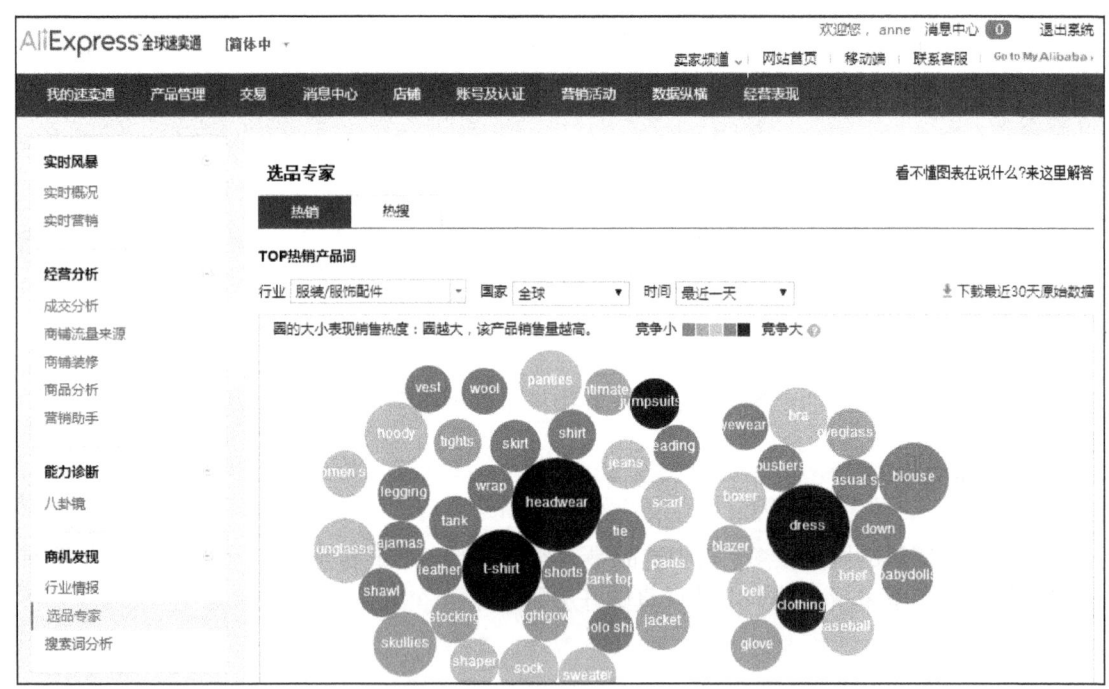

图 4-10 选品专家

1) 热销产品词。卖家可以根据行业类目和时间范围选择需要查看的行业。选择行业后，可以查看该类目的热销词排行。圈的大小表现销售热度：圈越大，该产品销售量越高。竞争大小则以颜色区分，如图 4-11 所示。

2) 热搜产品词。此功能将提供给卖家所选行业的热搜关键词，圈的大小表现销售热度：圈越大，该产品销售量越高，如图 4-12 所示。

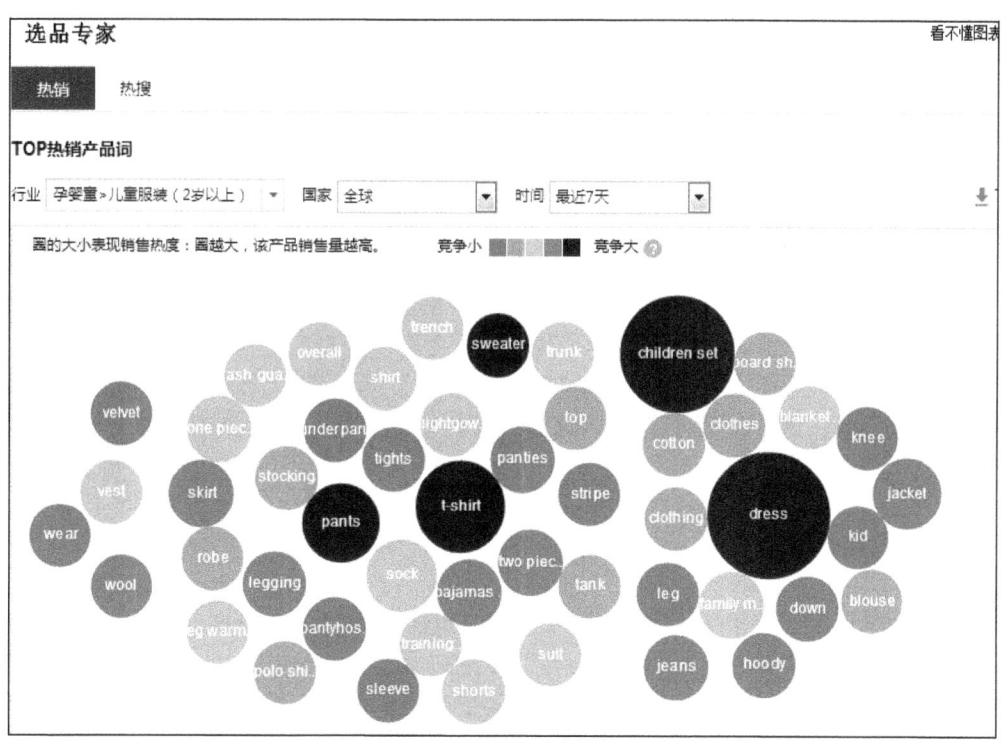

图 4-11 热销产品词

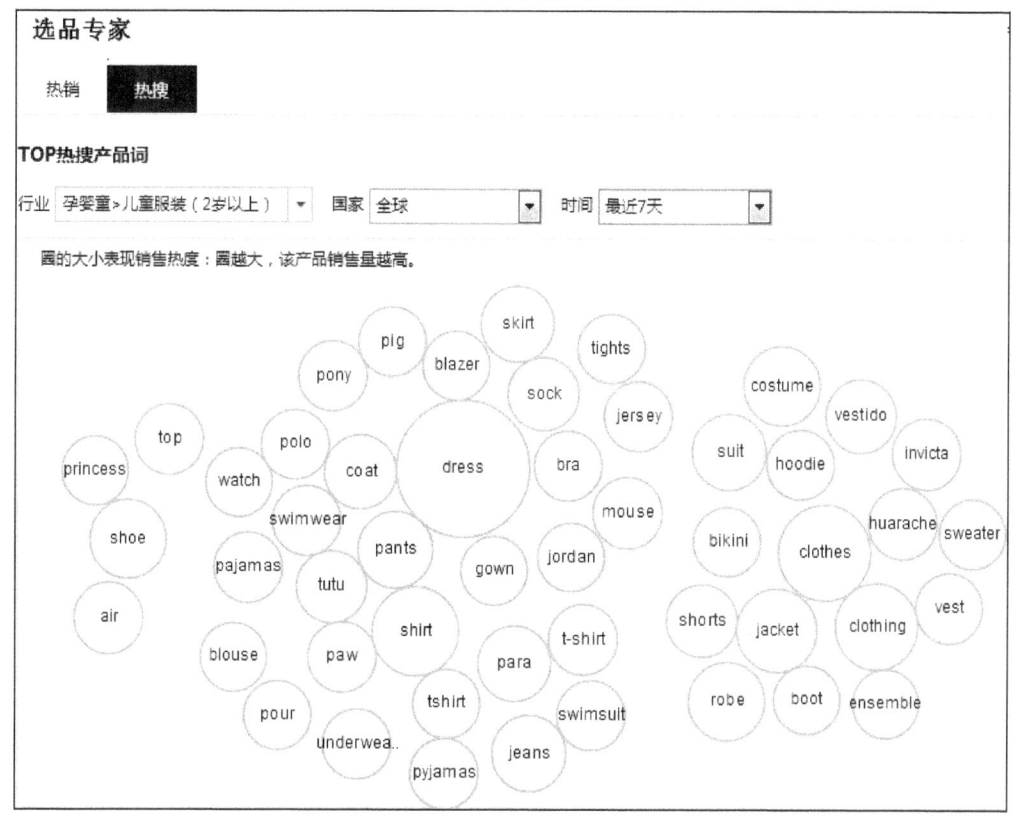

图 4-12 热搜产品词

第二节 制定产品价格

全球速卖通作为跨境电商平台,最大的优势在于通过减少外贸环节,降低零售商的采购成本,形成有利的价格优势。但随着网购的日益发展,店铺之间的服务水平和产品质量差距逐渐缩小,产品价格竞争日益成为影响店铺产品销售的首要因素,因此,产品的定价不仅是店铺的销量与利润的来源,同时也是一个产品能否生存(成功)的关键。

对于一个新手卖家而言,速卖通的产品定价要先了解基本的定价策略,结合速卖通平台的特点合理定价,才能让卖家获得更高的利润与市场认同。下面介绍四种定价方法供卖家参考。

一、目标定价法

产品目标是指要选定市场上竞争对手产品所处的位置,经过多方面的比较,结合店铺自身条件,为自己的产品创造一定的特色,塑造并树立一定的市场形象,以求目标顾客通过网络平台在心中形成对自己产品的特殊偏爱,其实质在于取得目标市场的竞争优势,确定产品在顾客心目中的适当位置并留下值得购买的印象,以便吸引更多的顾客。

产品目标的确定是定价的基础。在速卖通平台上,确定产品目标,主要体现在产品的合理定价。简单而言,定价的产品目标主要是获利为先或抢占市场份额为主两种。因此,卖家一定要先确定产品的定价目标,目标不同,定价的侧重就不同。只有根据不同的产品目标来确定价格,才能在市场上占据一席之地。如果产品以获利为先,那么价格可以稍高于市场平均价格,但不能高于80%的产品。如果卖家想要薄利多销,抢占市场份额,定价时就应该稍低于市场自然价格。

二、需求定价法

市场需求是指在特定的地理范围、特定时期、特定市场营销环境、特定市场营销计划的情况下,特定的消费者群体可能购买的某一产品总量。

市场需求是价格的关键因素。作为速卖通的卖家,在定价之前一定要进行科学的市场需求分析。市场分析主要是通过预估市场规模的大小及产品潜在需求量,确定目标市场,确定地理区域的目标市场,考虑消费限制条件,计算每位顾客年平均购买数量以及其他需要考虑的因素,估计市场规模的大小及产品潜在需求量,这种预测分析的操作步骤如下:

1. 确定目标市场

在市场总人口数中确定某一细分市场的目标市场总人数,此总人数是潜在顾客人数的最大极限,可用来计算未来或潜在的需求量。

2. 确定地理区域的目标市场

算出目标市场占总人口数的百分比,再将此百分比乘以地理区域的总人口数,就可以确定该区域目标市场人口数目的多少。

3．考虑消费限制条件

考虑产品是否有某些限制条件足以减少目标市场的数量。比如奶粉，进口奶粉有限购要求的，要相应减少数量。

4．计算每位顾客年平均购买数量

从购买率、购买习惯中，即可算出每人每年平均购买量。

5．计算同类产品每年购买的总数量

区域内的顾客人数乘以每人每年平均购买的数量就可算出总购买数量。

6．计算产品的平均价格

计算产品的平均价格。利用一定的定价方法，算出产品的平均价格。

7．计算购买的总金额

购买总数量乘以平均价格，即可算出购买的总金额。

8．计算店铺的购买量

将店铺的市场占有率乘以购买总金额，再根据最近 5 年来产品的市场占有率变动情况，做适当的调整，就可以求出店铺的购买量。

根据以上步骤，可得出一个预估的市场需求量，除此之外，卖家还应考虑有关产品需求的其他因素，例如经济状况、人口变动、消费者偏好及生活方式等，根据这些信息，客观地评估已得出的数据，通过统计分析、价格实战、询问判断等方法估计市场需求，然后根据需求定价。

三、成本定价法

成本定价法是按产品单位成本加上一定比例的利润制定产品价格的方法。大多数卖家都是采用按成本来确定所加利润的大小的。即以全部成本作为定价基础的定价方法，步骤如下：

1）估计单位产品的变动成本（如直接材料费、直接人工费等）。

2）估计固定费用，然后按照预期产量分摊到单位产品上去，加上单位变动成本，求出全部成本。

3）在全部成本上加上按目标利润率计算的利润额，即得出价格。

即：价格=单位成本+单位成本×成本利润率=单位成本×（1+成本利润率）。

成本定价法的优势在于产品价格能保证企业的制造成本和期间费用得到补偿后还有一定利润，一般成本定价利润率不低于 25%。产品价格水平在一定时期内较为稳定，定价方法简便易行。

但是，成本定价法也存在缺点，就是容易忽视了市场供求和竞争因素的影响，忽略了产品寿命周期的变化，缺乏适应市场变化的灵活性，不利于企业参与竞争，容易掩盖企业经营中非正常费用的支出，不利于企业提高经济效益。

四、竞争定价法

竞争定价法是以市场上相互竞争的同类商品价格为定价基本依据，以随竞争状况的变化确定和调整价格水平为特征，与竞争商品价格保持一定的比例，而不过多考虑成本及市场需求因素的定价方法。

作为卖家一定要了解竞争对手的产品价格，同种产品价格竞争大，相差过大的定价会损害卖家利益。可通过以下步骤进行简单的竞争定价。

操作指南

步骤1：打开速卖通，进入卖家候选产品所在类目，把前三页约100件产品，去掉最低的5个价格和最高的5个价格，计算所有包邮产品的平均价格和最高最低价。去掉最低、最高价，是防止一些不实价格对定价的影响。

步骤2：仔细查看前三页中打折并且包邮产品的原价，统计这些原价，计算平均价格和最高最低价。

经过以上两步，基本上对某一个平台上销售价格有了一个了解。如果你的产品无法做到包邮，就计算所有不包邮产品的平均价格和范围。

步骤3：把了解到的市场平均包邮价减去卖家包邮的运输方式价格（比如全球一般使用中邮挂号，美国一般包邮用e邮宝），得到产品价格。

步骤4：把这个价格乘以汇率，然后与拿货价相比，一般在30%左右的利润率。

竞争定价法主要考虑到了产品价格在市场上的竞争力。但是很容易忽略其他营销组合可能造成产品差异化的竞争优势，实际上竞争者的价格变化并不能被精确地估算，从而导致恶性地降价竞争，使卖家缺失利润空间。

综上所述，以上四种定价方法各有优劣，它们彼此之间不是孤立的，而是互相影响。因此，卖家在定价时，可以综合不同定价方法的优势，打造热销产品。

小案例

从0到1万美元：速卖通新手的逆袭

刚开始做速卖通，我什么都不太懂，遇到的问题很多，特别是选品。由于对外国人的一些购物习惯没有了解，我总是在选品时碰壁，第一个月的销售额是零。我很沮丧，不知道怎么办。

后来看了很多关于速卖通方面的书籍，知道速卖通网站上有一个功能叫关键词，我觉得挺好的，就是根据那个关键词来选商品，或者从已经卖出的商品里能看出哪一类或者哪一个款式比较受欢迎。

在不断的探索和积累中，我发现不能以中国人的喜恶来选商品，例如外国人特别不喜欢大朵小朵花的衣服或者床上用品，淡雅素净就好。通过不断地上架新产品，改产品，订单越来越多，第二个月的交易额达到了一万美元。

因此，我认为选品非常重要，卖家们需要在这方面多研究、多总结，才能不断打造店铺的爆款，赢得更多订单。

本 章 小 结

作为卖家，只有做好市场分析，才能对店铺精准定位。本章主要以行业分析和选品分析

为基础,让新手卖家对速卖通的店铺定位有一个基本的认识和了解,帮助卖家找准定位,准确选品。

产品的定价是决定产品销量与利润的关键。因此,在了解市场分析的前提下,卖家一定要掌握产品的定价策略。本章主要讲了常见的四种定价方法,分别是目标定价法、需求定价法、成本定价法、竞争定价法,让卖家轻松学会定价。

本 章 习 题

1. 速卖通的行业情报主要包括哪些内容?
2. 速卖通的选品原则是什么?
3. 速卖通的选品方法有哪些?
4. 成本定价法的具体操作方法是什么?

PART 5 第五章 产品发布与管理

产品是消费者最终确定购买的决定因素。在速卖通平台上,如何通过标题、宝贝详情页及产品的分类管理,体现产品的特性,把产品的优势最大限度地体现出来,并获得消费者的青睐,需要卖家在产品发布及管理环节上下功夫,才能获得源源不断的流量。

第一节 产品发布

速卖通的产品发布和淘宝相类似,都是把产品编辑成在线信息,然后通过平台发布到海外。如何在发布产品时体现商品特性,不触犯平台规则并获得大的流量,是卖家要认真思考的问题。因此,产品发布至关重要。

 操作指南

步骤1:登录"我的速卖通"账号,打开"发布产品"界面,如图5-1所示。

图5-1 发布产品界面

步骤2:在这里可以看到速卖通的页面,显示语言是简体中文,更加方便卖家进行操作,当然也可以选择英文,如图5-2所示。

图 5-2　语言的选择

步骤 3：在左边的"快速入口"下有个"发布产品"按钮，单击"发布产品"按钮，如图 5-3 所示。

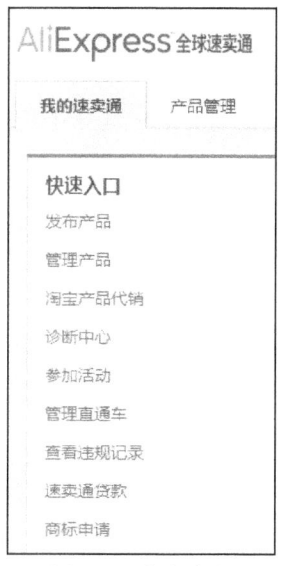

图 5-3　发布产品

步骤 4：在发布产品的页面里，为自己要发布的产品选择类目，然后根据该类目下提示进行操作，如图 5-4 所示。

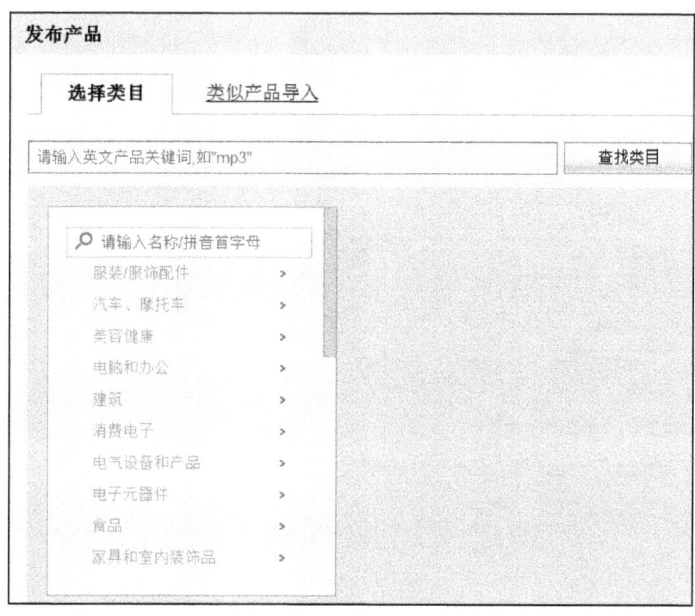

图 5-4　选择类目

步骤 5：可以直接输入想要的产品名称，页面就会弹出该产品可以放在的类目，然后单击下方的"我已阅读以下规则，现在发布产品"按钮，输入类目如图 5-5 所示。

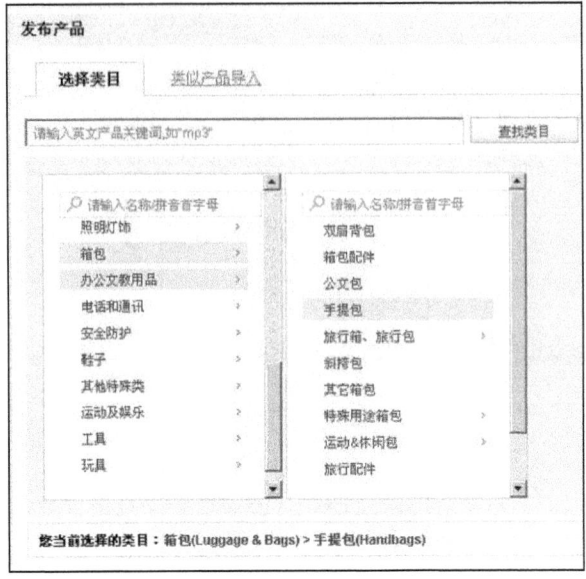

图 5-5　输入类目

步骤 6：这时会马上进入发布产品的基本信息页面，如图 5-6 所示。

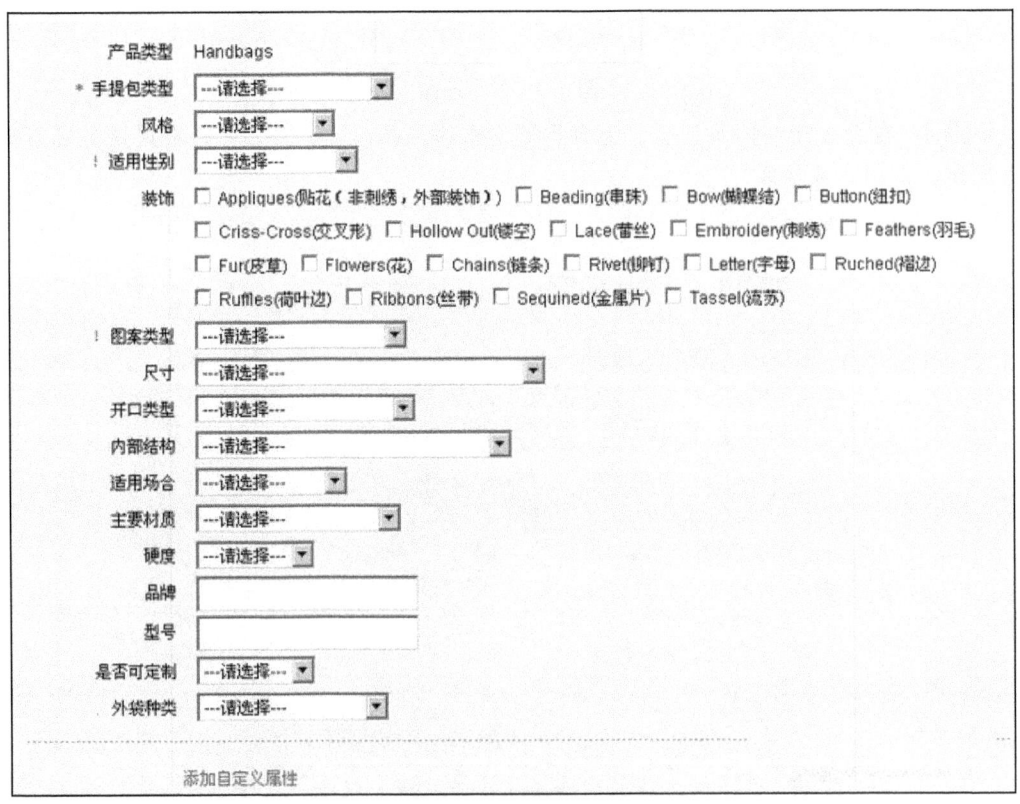

图 5-6　产品基本信息

步骤 7：首先我们看到产品属性下的一些项目，其中带"*"的为必填项目，其他项目可以根据自己的需求来填写。当然，填写越详细，买家在搜索的时候你的商品越容易被搜到，如图 5-7 所示。

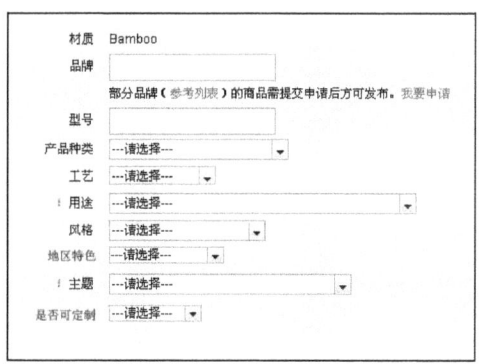

图 5-7　产品属性

步骤 8：根据自己产品的情况来填写产品标题、产品关键字，也可以根据要求进行填写，如图 5-8 所示。

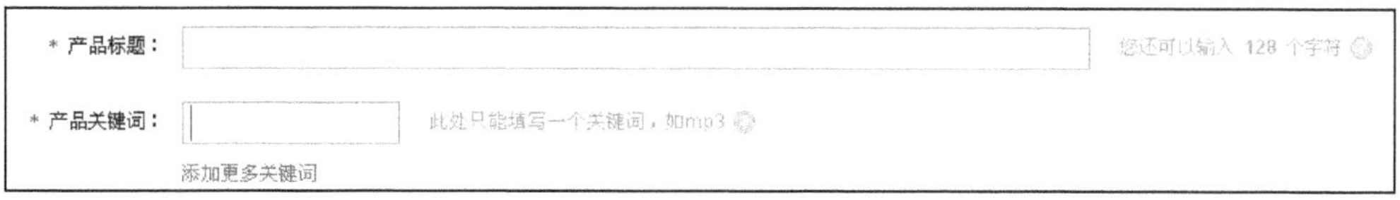

图 5-8　填写产品标题

产品标题：产品标题支持站内外关键字搜索，一个专业的产品标题能让你从搜索页面上万的优质产品中脱颖而出。优质的产品标题应该包含买家最关注的产品属性，能够突出产品的卖点：

1）产品的关键信息以及销售的亮点。
2）销售方式及提供的特色服务。
3）买家可能搜索到的关键词。

一般可为：物流运费+服务+销售方式+产品材质/特点+产品名称。

产品关键词：关键词的设置要注意一定的技巧，关键词必须精准，容易被搜索到，可以参照同行的设置。

步骤 9：上传产品图片。准备好图片后，单击"从我的电脑选取"，然后找到保存图片的位置，可以一次性全部选中，会批量进行上传，如图 5-9 所示。

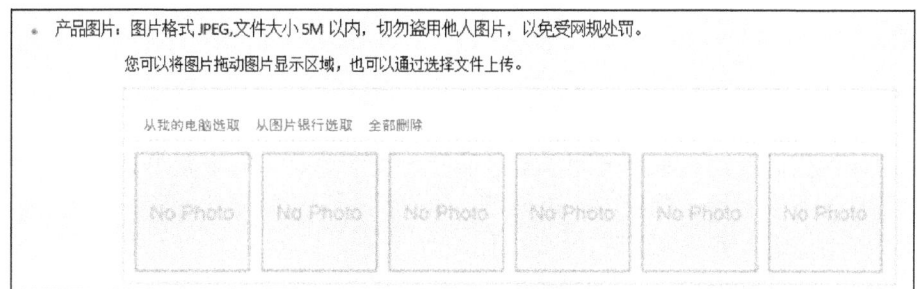

图 5-9　上传产品图片

产品图片：产品图片是买家首要关注的内容。清晰、丰富、全方位、多角度的描述图片，既能帮助卖家吸引买家眼球，又能突出产品特征，体现卖家的专业度。

步骤 10：填写下面的相关信息，如零售价、库存等参数，如图 5-10 所示。

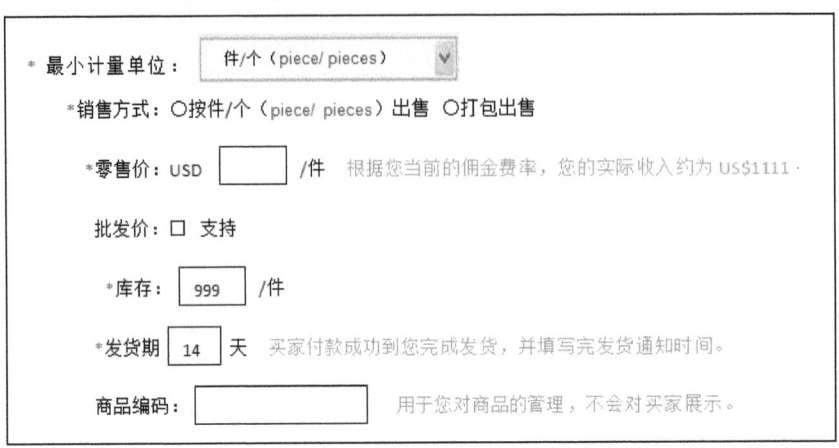

图 5-10　参数填写

发货期：在货源充足的情况下，设置的时间越短越好，一般在 3 天以内。买家都更青睐于能在较短的时间获得的产品，因此越短的交货时间越能让买家关注。

步骤 11：填写产品详细描述，根据产品情况，可以在这里用图片、文字对产品进行详细的说明，如图 5-11 所示。

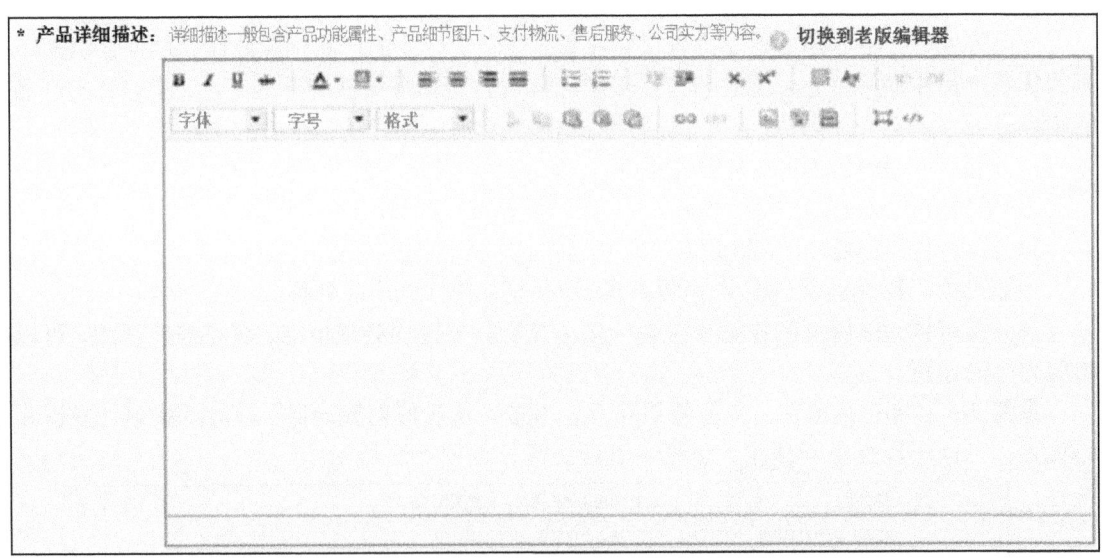

图 5-11　产品的详细描述

产品的详细描述是让买家全方面了解产品并形成下单意向的重要工具。一个优秀的产品描述能够打消买家对网上购物的不信任感，给买家一个非常专业的印象。

产品的详细描述大都包含以下几个方面：

1) 产品重要的指标参数、功能描述。
2) 5 张及以上详细描述图片。

3）服装类产品建议描述材质选择、颜色选择、测量方法，电子、工具、玩具类的产品还可以增加使用方法。

4）支持的物流、运输方式等。

5）售后赔付规则。

6）其他一些重要的服务内容（公司实力介绍、促销礼品等）。

步骤 12：填写下面的包装信息、物流信息，还有在你的商店内的产品分组，如图 5-12 所示。

图 5-12　包装信息、物流信息

产品包装：包装后的重量要如实填写。包装后的尺寸，如果是纸箱包装，按箱尺寸填写；如果是快递袋包装的，建议不要直接按量出的长宽高填写（最长边不要超过该运输方式的规定长度），否则速卖通平台容易算成抛货的，致使显示出来的运费价格高于实际重量算出的价格。

物流设置：建议自定义运费模板。联系货运代理拿到一个折扣，在标准运费上设置减免，或者在自定义里分区设置折扣，选择特定国家免运费设置。如果买家多集中在欧美等发达国家，物流运费基本上差不多，可以对其进行免运费设置。

步骤 13：填完以上信息，可以看到"发布""保存"与"预览"按钮，如果不确定产品页面是否美观，可以单击"预览"按钮，如果还要进行操作，单击"保存"按钮。如果都没有问题，那么单击"发布"按钮，如图 5-13 所示。

这样一个产品就已经成功发布了，如果要继续发布可以根据下方的文字选择单击，如图 5-14 所示。

图 5-13　信息提交

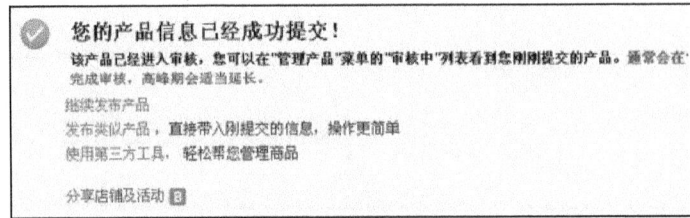

图 5-14　信息成功提交

第二节　产　品　管　理

一、产品信息的管理

1. 产品审核

产品信息提交成功后,速卖通的工作人员会对产品信息进行审核。如果符合阿里巴巴信息发布规则的要求,则所发布的产品会在一个工作日之内审核完成,高峰期顺延。

打开"产品管理"菜单,单击"管理产品"按钮,在"正在销售"状态栏下查看和编辑通过审核的产品,审核中的产品不可编辑,不能做其他相关操作,如图 5-15 所示。

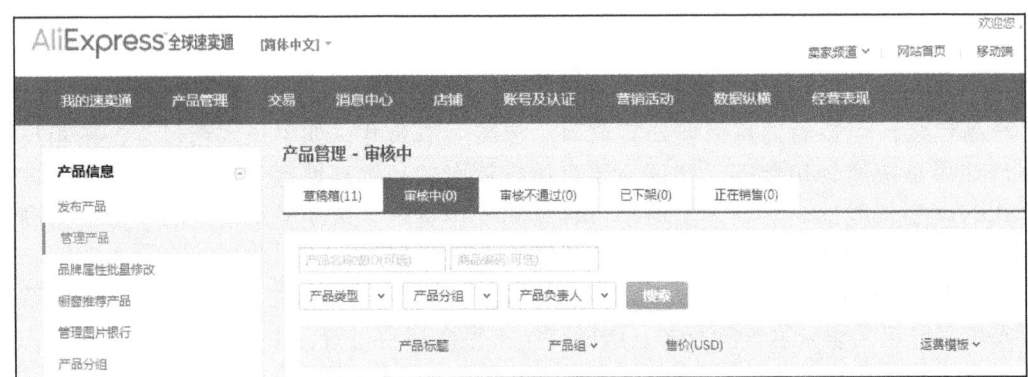

图 5-15　产品审核

2. 产品修改

登录"我的速卖通"页面,选择"产品管理"选项,打开"管理产品"页面,选择要修改的产品;单击"编辑"按钮进入编辑页面,修改信息之后,单击"提交"按钮,进入等待审核阶段,如图 5-16 所示。

图 5-16 产品修改

3. 产品下架

产品的有效期分为 14 天、30 天，上架的产品到期后自动下架，或人工操作下架产品。可以在"已下架"状态下查看下架的产品，下架产品可重新上架，如图 5-17 所示。

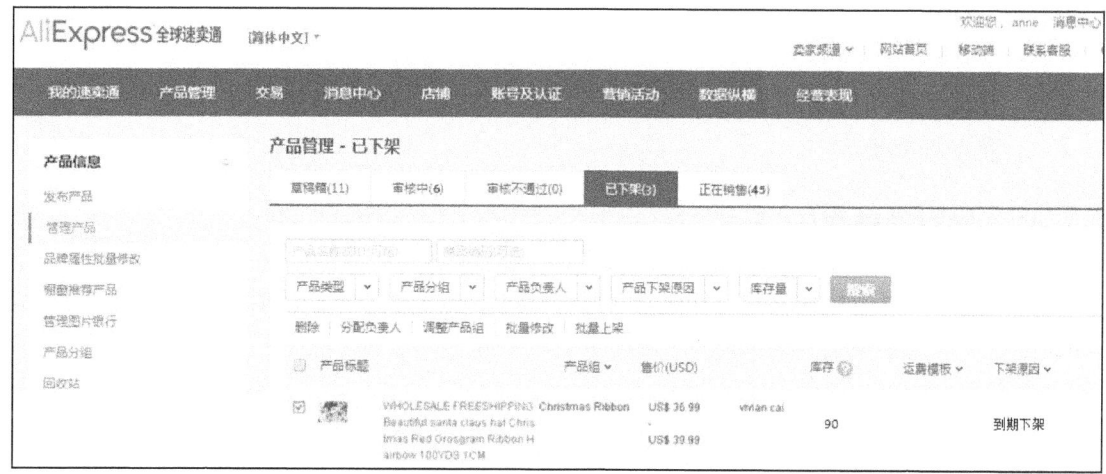

图 5-17 产品下架

二、产品的 5 种状态

任何一个产品发布之后，可能会处于 5 种状态，如图 5-18 所示。

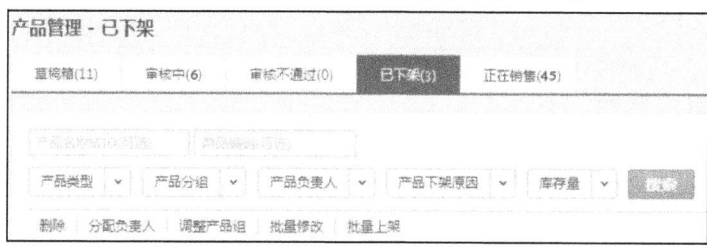

图 5-18 产品状态

1．草稿箱

若在"发布产品"页面进行编辑，则每15分钟系统自动保存一次信息。

若在"发布产品"页面单击"保存"按钮，则产品信息保存至草稿箱。

草稿箱保存信息的数量上限为20，超过时应手动删除。

草稿箱中的产品描述图片只保留15天，逾期系统自动删除，应尽快提交审核。

2．审核中

3．审核不通过

4．已下架

5．正在销售

三、管理产品的其他工具

1．批量修改

可以同时修改多个产品的属性，包括产品标题、关键词、包装重量、包装尺寸、服务模板、运费模板、零售价等信息。

2．一键修改发货期

3．一键延长有效期

4．批量下架

5．批量橱窗推荐

四、橱窗推荐产品

速卖通每个月会根据卖家等级赠送卖家一定量的橱窗位。卖家在橱窗位上架产品后，橱窗位会在速卖通相关页面进行展示，从而达到产品曝光的目的。此外，上架橱窗的商品在速卖通搜索页面中也会得到一定的优先靠前。

速卖通的橱窗设置是一种奖励机制，卖家可以通过提升卖家服务等级获得，等级越高的卖家享受的奖励资源越多，见表5-1。

表 5-1

奖励资源	优　秀	良　好	及　格	不及格
橱窗推荐数	3个	1个	无	无
有效期	7天	7天		

五、管理图片银行

图片银行是速卖通专属的图片存储、管理工具。目前，图片银行主要可完成图片搜索、删除、上传、查看引用次数、同步等操作，如图5-19所示。

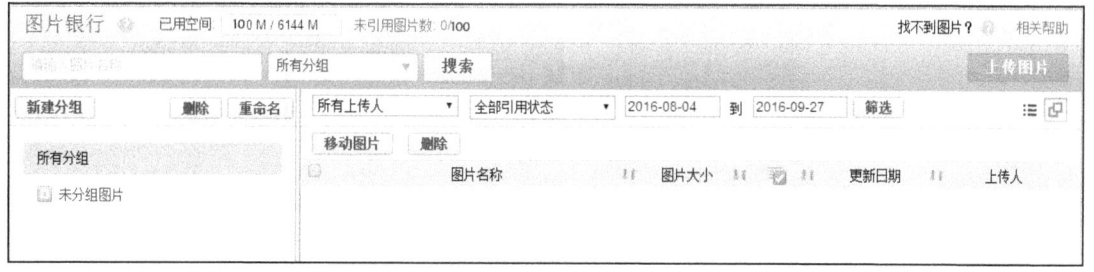

图 5-19　图片银行

六、产品分组

产品分组是指把同类产品集合到一起，并能够将产品整合展示在店铺中的功能。产品可以设置成不同的产品组分类展示到网站上。

1．产品分组功能介绍

"产品分组"功能是让买家更容易检索卖家商铺产品的功能。而在实际使用过程中很多卖家并不了解怎么调整产品分组才更便于买家使用，也不知道如何调整自身产品组在商铺首页的展示。

2．商铺产品分组的方法

进入速卖通后台，单击"产品管理"选项，进入"产品分组"页面。可以见到商铺里的产品组展示顺序，如果想调整某个产品组的排序，只要单击该产品组，拖动至你想要展示的位置，完成后单击"前往商铺预览效果"即可，优化后的产品组展示将在 24 小时内更新到商铺首页，如图 5-20 所示。

图 5-20　产品分组

3．产品分组的排序方式

合理的产品分组排序能够将你商铺的商品用最合理、最能吸引买家购买意愿的方式展现。对于已经建立好的产品组，可以进行顺序的调整，把重点产品组往上移动。单击需要调整的"序号"，对序号进行编辑，如图 5-21 所示。

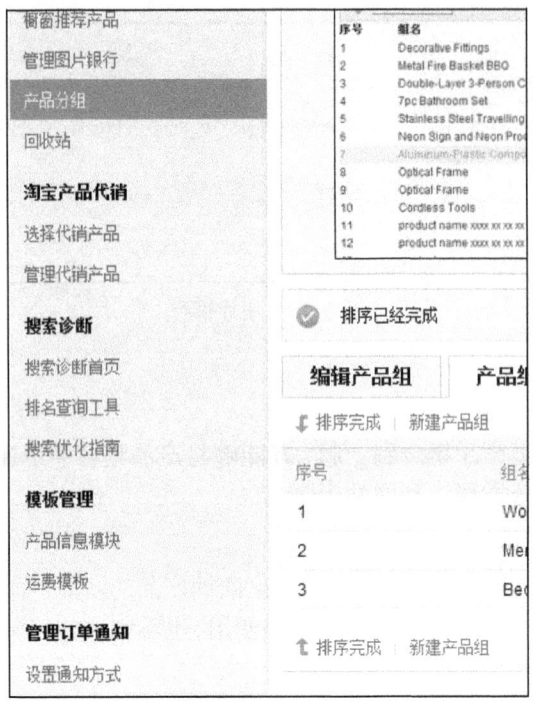

图 5-21　产品组排序

结合平台商铺的数据分析，可以按"促销产品分组"、"热门品类的分组"及"按照所属行业常用规则的产品分组"等方式进行产品分组，这样会更容易吸引买家。

本 章 小 结

速卖通发布产品中的产品标题及关键字、产品的描述对店铺流量有较大的权重，本章详细介绍了在速卖通平台上发布产品的流程，并对产品管理中的信息批量修改、产品上下架及产品的分组等内容做了详细的介绍。

本 章 习 题

1. 填写产品标题时应突出哪些卖点？
2. 产品的详细描述应包含哪几个方面的内容？

PART 6 第六章 沟通服务技巧

速卖通平台面对的消费者来自全球各地，除了产品之外，优质的客服服务也尤为重要。客服工作是产品销售的延伸服务，是完善产品性能、满足客户第二需求的有效途径，也是提高店铺销量，树立良好店铺形象的重要途径。因此，提高客服沟通技巧，做好售后服务，正确处理纠纷，才能赢得消费者的信赖，不断扩大店铺的影响力。

第一节 沟通技巧

沟通技巧一般指的是具备收集和发送信息的能力，能有效并明确地向他人表达自己的想法、感受与态度，并能较快、准确地解读他人的信息，从而了解他人的想法、感受与态度。作为速卖通卖家，与客户保持顺畅的沟通非常重要。专业、及时、流畅的询盘回复能够让卖家显得更加专业，提高买家的信服度，从而提高成交的可能性。沟通技巧主要体现在以下三个方面。

一、及时回复，主动沟通

在收到站内信或留言时，卖家一定要及时与客户取得联系，主动沟通。作为卖家，一定要经常检查注册邮箱，并在买家发送询盘的 24 小时内回复。调查表明，如果在 30 分钟内及时回答客户询问，订单的成交率将大大提升，反之则容易错失客户。

一般而言，由于时差的关系，欧美国家买家购买的潜伏期一般是 15:00～22:00，此时买家会浏览相关产品，会询问一些产品的相关信息，而买家购买的高峰期是在 24:00～5:00，买家的询盘也会集中在这个时段，因此，只有在这些时段保持旺旺在线，才能及时回复买家询盘。有些卖家会把旺旺在线时间设置为 24 小时在线，一旦客户联系，卖家没有及时回复，可能让客户产生不诚信感。因此，旺旺在线时间需要合理设置，尽量遵循客户询盘时间来做安排。

二、格式正确，语言简练

作为速卖通的卖家，回复信的格式与语言表述的准确度是与客户顺畅沟通的重要桥梁。回复信一定要有称呼和落款，表示对客户的尊重。其次，语法正确，能让客户迅速抓住卖家表述的关键点。有些卖家缺乏书面语法知识，直接采用翻译软件翻译，这在一定程度上能帮助卖家与客户沟通，但一些语法错误容易导致与客户沟通词不达意的误解，从而影响成交。

因此，卖家一定要了解西方文化，回答客户问题尽量直截了当，语言表述简洁干练。切勿拐弯抹角，让客户抓不住重点，因而流失客户。以下介绍一些模板，方便卖家与客户沟通交流。

1. 回应买家砍价

Dear××,

Thank you for your interests in my item.

I am sorry but we can't offer you that low price you asked for. We feel that the price listed is reasonable and has been carefully calculated and leaves me limited profit already.

However, we'd like to offer you some discounts on bulk purchases. If your order is more than × pieces, we will give you a discount of ××% off.

Please let me know for any further questions. Thanks.

Sincerely,
(name)

亲爱的××：

感谢您的询盘。

很抱歉，我们不能给您您要的价格。我们认为，上市的价格是合理的，已经基本没有什么利润了。

但是，如果您批发，我们可以给您些折扣。如果您的订单超过×件，我们将给您××的折扣。

如有任何进一步的问题，请告知。谢谢。

真诚地！
（你的姓名）

2. 催促下单，库存不多

Dear××,

Thank you for your inquiry.

Yes, we have this item in stock. How many do you want? Right now, we only have × lots of the × color left. Since they are very popular, the product has a high risk of selling out soon. Please place your order as soon as possible. Thank you!

Best regards,
(name)

亲爱的××：

谢谢您的询问。

是的，我们有这个产品。你想要多少？现在，我们只剩下了×色的产品。由于他们很受欢迎，该产品很快就要卖完了。请尽快提交您的订单。谢谢您！

诚挚的问候，
（你的名字）

3. 断货

Dear××,

We are sorry to inform you that this item is out of stock at the moment. We will contact the factory to see when they will be available again. Also, we would like to recommend to you some other items which are of the same style. We hope you like them as well. You can click on the following link to check them out.

http://www.aliexpress…

Please let me know for any further questions. Thanks.

Best Regards,
(Your name)

亲爱的××：

我们很抱歉地通知你，这个产品暂时没货了。我们将与这家工厂联系，看看他们什么时候可以再提供。另外，我们想向您推荐一些其他的产品，是相同的风格。我们希望你也喜欢这些产品。你可以点击下面的链接查看。

http://www.aliexpress…

如有任何进一步的问题，请告知。谢谢。

诚挚的问候，
（你的名字）

4．延时回复表达歉意

Dear××,

I am sorry for the delayed response due to the weekend. Yes, we have this item in stock. And to show our apology for our delayed response, we will offer you 10% off. Please place your order before Friday to enjoy this discount. Thank you!

Please let me know if you have any further questions. Thanks.

Best Regards,
(Your name)

亲爱的××：

我很抱歉由于周末的原因延迟回复。是的，我们有这个货。为表示我们的歉意，我们会为你提供10%的折扣。请在星期五之前订购此订单，以享受这个折扣。谢谢您！

如果您有任何进一步的问题，请告知。谢谢。

诚挚的问候，
（你的名字）

5．提醒折扣时间

关于支付选择，并提醒折扣快结束了。

Hello××,

Thank you for the message. Please note that there are only 3 days left to get 10% off by making payments with Escrow (credit card, Visa, Master Card). Please make the payment as soon as possible. I will also send you an additional gift to show our appreciation.

Please let me know for any further questions. Thanks.

Best regards,
(Your name)

您好，××：

谢谢您的留言。请注意，只剩下 3 天获得 10%的托管付款（信用卡、VISA、万事达卡）。请尽快支付货款。我会送您一个额外的礼物，以表示我们的感谢。

如有任何进一步的问题，请告知。谢谢。

诚挚的问候，
（你的名字）

6．关于合并支付及修改价格的操作回复

Dear××,

If you would like to place one order for many items, please first click "add to cart", then "buy now", and check your address and order details carefully before clicking "submit". After that, please inform me, and I will cut down the price to US$××. You can refresh the page to continue your payment. Thank you.

If you have any further questions, please feel free to contact me.

Best Regards,
(Your name)

亲爱的××：

如果您想订购很多物品，请先单击"添加到购物车"，然后单击"购买"，并在单击"提交"之前仔细检查您的地址和订单细节。之后，请通知我，我会把价格降到××美元。您可以刷新页面继续您的付款。谢谢您。

如果您有任何进一步的问题，请随时与我联系。

诚挚的问候，
（你的名字）

7．提醒买家尽快付款

Dear××,

We appreciated your purchase from us. However, we noticed that you haven't made the payment yet. This is a friendly reminder to you to complete the payment transaction as soon as possible. Instant payments are very important; the earlier you pay, the sooner you will get the item.

If you have any problems making the payment, or if you don't want to go through with the order, please let us know. We can help you to resolve the payment problems or cancel the order.

Thanks again! Looking forward to hearing from you soon.

Best Regards,
(Your name)

亲爱的××：

我们很感激您的购买。然而，我们注意到您还没有付款。这是一个友好的提醒，希望您尽快完成付款交易。即时付款是非常重要的，您越早付款，您就能越快收到这个物品。

如果您有什么关于付款的问题，或者如果你不想要这个订单了，请让我们知道。我们可以帮助您解决付款问题或取消订单。

再次感谢！期待尽快收到您的来信。

诚挚的问候，
（你的名字）

Dear ××,

We appreciate your order from us. You have chosen one of the bestselling products in our store. It's very popular for its good quality and competitive price. Right now, we only have × lots of the × colors left. We would like to inform you that this product has a high risk of selling out soon.

We noticed that you hadn't finished the payment process for the order. We'd like to offer you a 10% discount on your order, if you purchase now, to ensure that the product doesn't sell out. We will ship your order within 24 hours once your payment is confirmed. If you need any help or have any questions, please let us know.

Best Regards,
(your name)

亲爱的××：

我们感谢您的订单。您在我们商店选择了一个最畅销的产品。这款非常流行，它有良好的质量和有竞争力的价格。现在，我们只剩下10种颜色了。我们想通知您，这个产品很快就卖出去了。

我们注意到您没有完成订单的付款程序。如果您现在付款的话，我们给你10%的折扣。付款后我们才能保证产品不卖出去。一旦您付款确认，我们将在24小时内装运您的产品。如果您需要任何帮助或有任何问题，请让我们知道。

诚挚的问候，
（你的名字）

8. 订单超重导致无法使用小包免邮的回复

Dear ××,

Unfortunately, free shipping for this item is unavailable; I am sorry for the confusion. Free shipping is only for packages weighing less than 2kg, which can be shipped via China Post Air Mail. However, the item you would like to purchase weighs more than 2kg. You can either choose another express carrier, such as UPS or DHL (which will include shipping fees, but which are also much faster). You can place the orders separately, making sure each order weighs less than 2kg, to take advantage of free shipping.

If you have any further questions, please feel free to contact me.

Best Regards,
(Your name)

亲爱的××：

不幸的是，这款产品无法免费送货，我对此表示很抱歉。免费送货的重量要小于2kg，可以通过中国邮政航空邮件发运。然而，你想购买的这款产品重量超过2kg。您可以选择另一种运输方式，如UPS或DHL（其中包括运输费，但速度也相对较快）。您也可以把订单分开，确保每个订单的重量小于2kg，以便利用免费送货。

如果您有任何进一步的问题，请随时与我联系。

诚挚的问候，
（你的名字）

9．海关税

Dear××,

Thank you for your inquiry and I am happy to contact you.

I understand that you are worried about any possible extra cost for this item. Based on past experience, import taxes falls into two situations.

First, in most countries, it did not involve any extra expense on the buyer side for similar small or low-cost items.

Second, in some individual cases, buyers might need to pay some import taxes or customs charges even when their purchase is small. As to specific rates, please consult your local customs office.

I appreciate for your understanding!

                 Sincerely,
                 (Your name)

亲爱的××：

谢谢您的询盘，我很高兴与您联系。

我知道您担心这款产品可能产生的额外费用。根据以往的经验，进口税有两种情况。

第一，在大多数国家，买方若购买小的或低成本物品，不会产生任何额外费用。

第二，在某些个别情况下，买家可能需要支付一些进口税或关税，即使他们购买的是小额物品。具体利率请咨询当地海关。

感谢您的理解！

                 真诚地，
                 （你的名字）

10．因为物流风险，卖家无法向买家国家发货时给出的回复

Dear××,

Thank you for your inquiry.

I am sorry to inform you that our store is not able to provide shipping service to your country. However, if you plan to ship your orders to other countries, please let me know; hopefully we can accommodate future orders.

I appreciate for your understanding!

                 Sincerely,
                 (Your name)

亲爱的××：

谢谢您的询问。

我很抱歉地通知您，我们的商店不能够为您的国家提供运输服务。然而，如果您计划将您的订单发送到其他国家，请让我知道，希望我们能适应此订单。

感谢您的理解！

                 真诚地，
                 （你的名字）

11. 已发货并告知买家

Dear ××,

Thank you for shopping with us.

We have shipped out your order (order ID:×××) on Feb. 10th by EMS. The tracking number is ×××. It will take 5-10 workdays to reach your destination, but please check the tracking information for updated information. Thank you for your patience!

If you have any further questions, please feel free to contact me.

Best Regards,
(Your name)

亲爱的××：

谢谢您的购物。

我们已于2月10日通过特快运输配送您的订单(订单编号：×××；跟踪编号为×××)。此单将需要5~10个工作日到达您的目的地，请查看跟踪信息的更新情况。谢谢您的耐心！

如果您有任何进一步的问题，请随时与我联系。

诚挚的问候，
(你的名字)

12. 物流遇到问题

Dear ××,

Thank you for your inquiry; I am happy to contact you.

We would like to confirm that we sent the package on 16 Jan, 2012. However, we were informed package did not arrive due to shipping problems with the delivery company. We have re-sent your order by EMS; the new tracking number is:×××. It usually takes 7 days to arrive to your destination. We are very sorry for the inconvenience. Thank you for your patience.

If you have any further questions, please feel free to contact me.

Best Regards,
(Your name)

亲爱的××：

谢谢您的询盘，我很高兴与您联系。

我们想确认一下我们在2012年1月16日寄的包裹。然而，由于航运问题与递送公司的问题，我们被通知包裹没有到达。我们已重新发送您的订单，新的运单号码是×××。到达目的地通常需要7天的时间。我们很抱歉给您带来不便。谢谢您的耐心。

如果您有任何进一步的问题，请随时与我联系。

诚挚的问候，
(你的名字)

13. 不支持样品的回复

Dear ××,

Thank you for your inquiry; I am happy to contact you.

Regarding your request, I am very sorry to inform you that we are not able to offer free samples. To check out our products we recommend ordering just one unit of the product (the price may be a little bit higher than ordering by lot). Otherwise, you can order the full quantity. We can assure the quality because every piece of our product is carefully examined by our working staff. We believe trustworthiness is the key to a successful business.

If you have any further questions, please feel free to contact me.

Best Regards,
(Your name)

亲爱的××：

谢谢您的询盘，我很高兴与您联系。

关于您的要求，我很抱歉通知您，我们无法提供免费样品。为了检验我们的产品，我们建议您只订购一个产品（价格可能有点高，比订购高很多）。否则，您可以订购足够的数量。我们可以保证质量，因为每一件产品都是经过我们工作人员仔细检查的。我们相信诚信是成功经营的关键。

如果您有任何进一步的问题，请随时与我联系。

诚挚的问候，
（你的名字）

三、精准介绍，保持沟通

当卖家为客户做产品介绍时，一定要精准专业，让客户对产品有一个全面详细的认识，对卖家产生权威感。可从以下三个小技巧入手：

1）卖家可以浏览速卖通买家频道 www.aliexpress.com 去对比平台上同行的产品描述，不断完善自己的产品介绍。

2）参考 eBay 上潜在买家是如何写产品描述的。作为国际小额批发平台，速卖通上的买家大部分都是国外的网店店主和终端零售商，所以 eBay 的卖家也有可能成为买家，可以参照别人相似的产品。

3）如果产品有英文说明书，可以作为产品描述的参考。产品英文说明书是一项不可多得的法宝。它是专业生产商对产品的所有情况的介绍，诸如其组成材料、性能、存储方式、注意事项、主要用途等的介绍，内容上十分详尽与全面，措辞上也较为专业和恰当。同时，卖家要经常对买家询问的关于某类或某些产品较多的问题进行整理，以备买家询盘时使用，并与客户交换 E-mail、电话等信息，与客户保持沟通。

知识链接

在线翻译工具：

1. 金山在线翻译

面向个人用户的免费词典、翻译软件。传承了金山词霸 10 年经典品质的同时，也给用户带来了更强的功能、更优的交互体验。金山词霸提供海量词典、真人发音、整句翻译、情景会话等功能，为您提供卓越的翻译体验。金山词霸还提供在线词典、英语口语、英语学习资料、汉语词典；且拥有强大的本地词库，翻译精确快速，还有更多贴心实用功能帮你快速提升英语。

2. 谷歌（Google）在线翻译

谷歌翻译提供多种语言的免费即时翻译；提供所支持的任意两种语言之间的字词、句子和网页翻译；支持网页翻译，在输入框输入网页地址即可。

第二节 售 后 服 务

售后服务是整个交易过程的重点之一。卖家一定要考虑客户的需求，主动为客户着想。当纠纷出现时及时与客户沟通，避免误会，提高客户的满意度。高满意度可以给卖家带来更多的交易，影响产品的排序曝光，对其他买家的购买行为以及卖家的星级和享受到资源会产生一定影响。因此，做好售后服务尤为重要。要做好售后服务，卖家应做好以下四个方面的工作。

一、发货前要严格保证产品质量

产品质量是客户最关心的问题，因此，做好售后服务的前提是保证产品质量，否则永远无法与客户期待达成一致。

1）卖家要根据市场变化调整产品，保证产品质量的稳定性，从源头上保证产品的质量。
2）卖家在发货前，一定要进行产品的检查，防止寄出残次产品或包装破损的产品。

二、注重物流环节

1）卖家收到订单后，一定要及时发货，主动缩短客户购物等待的时间；同时，主动告知客户预计发货及收货时间，缓解买家催货的焦急情绪。

2）包装是国际物流的一个重要环节。包装结实牢固与否是产品能否安全送达客户手中的重要因素。包装不到位很容易成为客户投诉的原因。特别是数量较多、数额较大的易碎品，卖家一定要保证包装的牢固性，同时，把包装发货过程拍照或录像，留作纠纷处理时的证据。

3）发货时，卖家一定要再三核对产品的规格、数量及配件与订单是否一致，以防漏发引起纠纷。同时，卖家在包裹中要配备一份清单给客户核对，以提高卖家的专业度。

4）物流过程与客户及时沟通。

在物流过程中，客户需要了解产品货运进展，卖家及时良好的沟通能够提高客户交易的好感度。以下是四个交易关键点与客户保持沟通的邮件模板。

① 在产品发货后，告知客户相关货运信息。

Hello Sir/Madam,

It's a pleasure to tell that the postman just picked up your item from our warehouse. It's by EMS, 5-7 working days to arrive.

Tracking number is: ××××

Tracking web is: ××××

You can view its updated shipment on the web, which will be shown in 1-2 business days. Also our after-sales service will keep tracking it and send message to you when there is any delay in shipping.

  We warmly welcome your feedback.

Sincerely,
(Your name)

您好，先生/女士：

  非常高兴地告知您，邮递员刚刚取走您所买的产品。您的产品将通过 EMS 的方式，在 5 到 7 个工作日后到达您那里。物流单号为：××××，物流查询地址：××××。

  物流信息更新到网页上需要 1~2 个工作日，我们会实时查看物流信息，如果由于物流出现耽搁，我们会及时告知您。

  期待您的回馈！

真诚地，
（你的名字）

  告知客户产品发货的相关物流信息，可以给客户一个初步的交易等待时间区间。如果包裹出现物流堵塞的意外，也可以在这封邮件中告知客户，让客户做好产品延迟到达的心理准备。

  ② 货物到达海关后，提醒货运相关进展。

Hello Sir/Madam,

  This is ××. I am sending this message to update the status of your order. The information shows it was handed to customs on Jan. 19. Tracking number:××××You can check it from web:××××

  You may get it in the near future. Apologize that the shipping is a little slower than usual. Hope it is not a big trouble for you.

Best Wishes.
（your name）

您好，先生/女士：

  我是××。我是来信告诉您订单的最新进展情况的，最新的信息显示，您的产品已经在 6 月 19 日到达贵国海关。物流单号为：××××，您可以在××××查询物流信息。

  您将马上收取到您的产品，邮递时间有点耽搁，敬请谅解。希望这不影响您对产品的使用。

诚挚的问候，
（你的名字）

  卖家应及时在产品入关的时候告知客户货物的投递进展。如果遇到货物拥堵情况，需要对客户表示歉意。产品若需要报关，也可在此通知客户提前准备。

  ③ 货物到达邮局，提醒买家给予好评。

Hello Sir/Madam

  This is ××. I am sending this message to update the status of your order. The information shows it is still transferred by Sydney post office. Tracking number:××××. Please check the web××××.

  You will get it soon, please note that package delivery. Hope you love the product when get my products. If so please give me a positive feedback. The feedback is important to me. Thank you very much.

Best Wishes,
（your name）

您好，先生/女士：

我是××。我写信想告诉您订单的最新进展情况，最新的信息显示，您的产品正在被悉尼邮局所派送。您的物流单号为××××，您可以在××××查询物流信息。

您马上就会收到货物，请注意查收。希望您能够喜欢我的产品。如果您喜欢，请您给我一个好评，您的评价对我非常重要，谢谢！

诚挚的问候，
（你的名字）

在投递过程中，卖家要提醒客户注意不要错过投递信息，保持手机开机。同时，可以提醒客户给予好评，增加客户对于卖家服务好评度。

三、做好客户信息管理

售后很重要的一个环节是客户的信息管理。客户确认收货并给予评价并不是交易的结束，相反，而是新的交易的开始。卖家在一次交易后要及时整理客户交易数据，针对不同的客户推荐店铺的优质产品，使新客户成为老客户，并以此带来更多的订单。

作为卖家，一定要学会通过 Excel 对客户的订单进行归类整理。根据每个客户的购买金额、采购周期长短、评价情况、客户国家等维度来寻找重点买家。通过对客户进行分类管理，能让卖家从中找出重点客户，减少维系客户的成本。同时，卖家可以在与客户联系的过程中，主动了解客户的背景、喜好和产品线，从中识别出具有购买潜力的客户，为后续订单打下基础。

四、主动二次营销

卖家在整理好客户的信息，识别出重点客户后，通过邮件、站内留言等方式主动有针对性地对重点客户进行二次营销，牢牢地掌控住客户的购买力。

二次营销主要有四个时机：
1）有新的优质产品上架。
2）做促销活动，特价优惠。
3）感恩节、圣诞节等购物高峰期。
4）预估客户需进行再次采购时。

在这些重要的时间点，卖家主动出击展开对于客户的二次营销，能更好地维系老客户，增加店铺订单。

第三节　纠　纷　处　理

速卖通平台衡量纠纷考核主要是看裁决提取率和卖家责任裁决率。卖家责任考核率已经纳入分级考核指标，是影响店铺表现的关键指标，一旦纠纷问题没有恰当解决，就会影响卖家的信誉和产品曝光率，影响店铺的长远发展。另外，如果卖家提交至平台裁决的纠纷比率过高，处罚将会更严重。因此，做好纠纷处理尤为重要。

一、纠纷的分类及风险

速卖通平台对于卖家责任的纠纷有详细的分类,主要分为买家未收到货物类纠纷和买家收到货物与约定不符类纠纷两大类共 14 项,只有对纠纷的分类有正确的认识,才能与客户合理处理好纠纷,纠纷的分类见表 6-1。

表 6-1 纠纷的分类

纠纷分类	产品问题	物流问题	已收寄	运输中	已签收
第 1 类:买家未收到货物类纠纷					
① 海关扣关		×		×	
② 物流显示货物在运输途中		×		×	
③ 包裹原件退回		×		×	
④ 包裹被寄往或妥投在非买家地址		×			×
⑤ 物流显示货物已经妥投		×			×
⑥ 物流信息查不到或者异常		×	×		
⑦ 买家收到货物后退货		×			×
⑧ 买家拒签		×			×
第 2 类:买家收到货物与约定不符纠纷					
① 货物与描述不符类	×				
② 质量问题	×				
③ 销售假货	×				
④ 虚拟产品	×				
⑤ 货物短装	×				
⑥ 货物破损	×				

1. 买家未收到货物类纠纷

(1) 海关扣关

海关扣关是指交易订单的货物由于海关要求所涉及的原因而被进口国海关扣留,买家未收到货物,海关要求所涉及的原因主要包括但不限于以下原因:

1) 进口国限制订单货物的进口。
2) 关税过高,买家不愿清关。
3) 订单货物属假货、仿货、违禁品,直接被进口国海关销毁。
4) 货物申报价值与实际价值不符导致买家须在进口国支付处罚金。
5) 卖家无法出具进口国需要的卖家应提供的相关文件。
6) 买家无法出具进口国需要的买家应提供的相关文件。

如遇到此类情况,卖家可能承担的风险是若因卖家原因导致货物被海关扣关且买家无法取回货物,则货物可能会被海关销毁或者没收,且货款会全额退给买家。因此,建议卖家在选择货品及发货之前充分了解海关相关政策;发货之后及时关注货物物流状态。

知识链接

货物被进口国海关扣留时,常见物流状态为:handed over to customs(EMS);clearance delay(DHL);Dougne(法国,会显示妥投,但是签收人是 Dougne)。

（2）物流显示货物在运输途中

物流显示货物在运输途中是指交易订单的纠纷提交到速卖通进行裁决时，包裹在物流公司官方网站的物流追踪信息介于"收寄"和货物"妥投"之间的情形，一般包括离开中国、发往某地、到达××邮局、未妥投等情况。

遇到此类情形，卖家可能承担的风险有：

1）卖家选择使用航空大（小）包时，当买家以未收到货提交纠纷时，卖家可能会因航空包裹的货运跟踪信息不全而承担全部风险；此类投诉比较多发生于使用香港或中国邮政航空大（小）包物流方式。因此，卖家应尽量使用商业物流和 EMS，选择大（小）包服务时应选择挂号服务，以降低货运跟踪信息不全的风险。

2）若因为妥投问题产生的纠纷，卖家无法提供妥投证明，可能会导致相应的损失。因此，卖家要做好货物的妥投信息登记。一旦出现物流问题所致的纠纷，卖家应该向物流公司索赔。

（3）包裹原件退回

包裹原件退回是指交易订单的货物因为买家收货地址有误或不完整无法妥投或因买家原因无法清关，导致包裹被直接退回给卖家。卖家可能承担的风险有：

1）若卖家限期内不能证明是买家原因导致的包裹退回，则全额退款给买家。

2）若经核实，卖家填写错了买家收货地址，不补偿运费，待有退回信息后，全额退款。

3）物流信息显示货物已退回中国境内，无论卖家是否拿回货物，均视为货物已退回卖家。

4）包裹未显示出境即被退回，无须等待卖家收到货，即可操作全额退款，建议卖家与物流联系。

（4）包裹被寄往或妥投在非买家地址

这种情形一般指的是由于卖家填写错了买家的收货地址，或邮局误将包裹寄往了非买家地址，导致买家无法正常签收包裹。若因卖家或者物流原因导致买家未收到货物，或者卖家逾期无法提供有效证明且买家也未收到货物，订单金额会全额退给买家。因此，卖家在货物发出前要认真核查收货地址，确保地址正确；货物发出后及时关注物流状态，遇异常情况及时主动与买家和物流公司沟通并尽快解决。

（5）物流显示货物已经妥投

这种情形一般指的是物流信息显示货物已经妥投，但是买家以未收到货提起了退款申请，并且未与卖家达成一致意见，提交到速卖通进行裁决。一旦卖家逾期无法提供有效证明且买家确认未收到货物，或者因为物流公司导致买家未收到货物，订单金额会全额退给买家。

（6）物流信息查不到或者异常

这种情形指的是卖家在速卖通针对交易订单填写的运单号在物流公司的网站查不到物流信息，或者物流信息与买家收货地址不符，如买家收货地址在法国，但运单号的对应物流信息显示货物被寄往美国。一旦卖家提供证明无效（逾期）、未提供且买家未收到货物，或者因为物流公司原因导致买家未收到货物，则订单金额全额退给买家。

(7) 买家收到货物后退货

这种情形指的是买家收到货物后,买卖双方达成退款退货协议,买家把货物退回给卖家,或者买家未与卖家协商即主动退货。若因卖家原因致使买家退货无法正常妥投,订单金额会全额退给买家。因此,卖家应在速卖通账号中及发货单上留下有效退货地址和信息,确保在退货的时候能够收到货物,避免损失。

(8) 买家拒签

买家拒签包括有理由拒签和无理由拒签。有理由拒签,即当货物递送至买家(包括买家代表)时,买家发现货物存在肉眼可见的货物损坏或与订单不符的情况,如货物破损、短装、严重货不对版等情况,买家当场拒绝签收;无理由拒签,即货物递送到买家(包括买家代表)时,买家无任何理由拒绝签收。若买家或者物流公司提供了有效证据证明是卖家责任导致买家拒签,或者速卖通查询到卖家在速卖通存在不诚信的交易行为,则订单金额全额退款给买家。因此,卖家发货之前应充分检查货物状态及包装,交易过程中及时与买家沟通并且解决问题。

2. 买家收到货物与约定不符类纠纷

(1) 货物与描述不符

1) 买家收到的货物与卖家在网站相应的产品详情页面的描述,存在颜色、尺寸、产品包装、品牌、型号(款式)等方面的差距。

① 颜色不符是指所收到货物的颜色与产品描述(图片、描述)不符。

② 尺寸不符是指所收到货物的尺寸与产品描述不符。

③ 产品包装不符是指所收到货物的内包装与描述有不符(无包装、包装不符、包装破损和污渍),产品包装是指产品本身所有的包装(邮局、卖家使用的外包装除外)。

④ 品牌不符是指所收到货物的品牌与描述不符。

⑤ 型号(款式)是指产品的性能、规格和大小。型号(款式)不符是指收到货物的型号(款式)与产品描述(图片、描述)有不符。

2) 此类情形一旦发生,卖家可能面临的风险有:

① 如果卖家产品标题、图片、描述中明确写明产品型号,默认为该产品具有该型号的所有功能,如果买家投诉缺少某功能,卖家将承担全部责任。

② 根据买卖双方的证明,如果有货物与描述不符的情况,则属于卖家责任,买家对于处理方式有最终选择权利,买家可选择部分退款或者退款退货。

(2) 质量问题

质量问题一般指的是买家所收到的货物出现品质、使用方面的问题,如食品变质或数码产品无法工作等。根据买卖双方的证明,若货物有质量问题,则属于卖家责任,买家对于处理方式有最终选择权利,买家可选择部分退款或者退款退货。

(3) 销售假货

销售假货一般指的是买家收到货物后因货物为侵权假冒产品或涉嫌侵权假冒产品而提起退款,卖家所销售的产品侵权或涉嫌侵权知名品牌。这种情形会根据买卖双方的证明,卖家产品为侵权产品的,卖家将承担全部责任,平台会先将订单金额全额退款给买家,卖家需自行联系买家取回货物;同时阿里巴巴有权根据全球速卖通平台发布侵权产品管理规则及处罚规则及其他适用平台规则对卖家进行处罚。因此,卖家切勿在平台销售假冒侵权产品,若买家投诉产品为假冒侵权产品，卖家将承担全部责任，即使买家在知情的情况下购买也将由卖家承担所有责任。

（4）虚拟产品

虚拟产品指的是无实物交易的产品，如 software key。卖家一旦被买家投诉销售的产品为虚拟产品，订单将被取消，并将全额退款给买家；同时阿里巴巴有权根据全球速卖通平台发布不适宜本平台的产品管理规则及其他适用平台规则对卖家进行处罚。因此，卖家切勿在速卖通平台销售虚拟产品，若买家投诉产品为虚拟产品，卖家将承担全部风险，即使买家在知情的情况下购买也将由卖家承担所有责任。

（5）货物短装

货物短装是指买家所收到的货物数量少于订单上约定的数量。这种情形会根据买卖双方提供的证明，货物短装的，或者卖家逾期不提供无短装的证明，按未发货的产品数量所占该订单总金额的份额，订单金额将部分退款给买家，即退还该订单短装件数所对应的金额。因此，卖家应保留发货时的重量证明，如称重拍照或视频记录等；发布产品时注意销售方式，切勿混淆 piece 和 lot 的区别。

（6）货物破损

货物破损一般指的是买家所收到的货物存在不同程度的外包装（限产品自身包装，如手机产品的外包装，且邮局、卖家使用的外包装除外），或产品本身有损坏的情况。若买家或者物流公司提供了有效证据证明是卖家责任导致货物破损，则订单金额全额退款给买家。

二、纠纷处理流程

速卖通纠纷处理主要有三种流程：①买家提交退款申请→交易双方进行协商→买家取消退款申请→放款给卖家。②买家提交退款申请→交易双方进行协商→买家修改退款申请→双方达成退款协议。③买家提交退款申请→交易双方进行协商→买家提交纠纷→平台介入处理。

纠纷处理流程图，如图6-1所示。

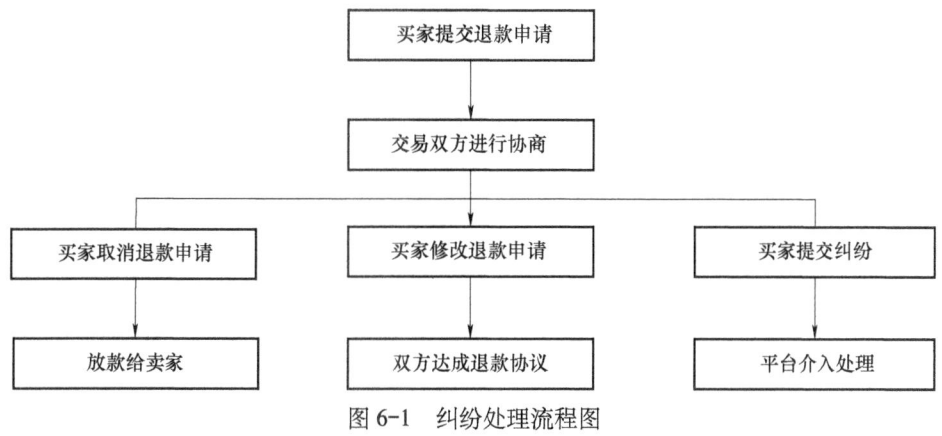

图6-1 纠纷处理流程图

（1）提交退款申请

买家在交易过程中未收到货物或者对于收到的货物不满意可提起退款申请，纠纷便产生。关于纠纷，速卖通的原则是交易双方自主沟通解决，在双方无法继续协商的情况下，平台才会介入帮助交易双方协商解决。

一般而言，卖家填写发货追踪号以后，直到买家确认收到货物之前，买家均有权限提交退款申请。在订单的详情页中，买家可以看到按键"Open Dispute"，单击该按钮就可以提交退款申请。提交的同时，买卖双方可以就退款申请进行协商解决。如果交易双方就问题解决方案达成一致，系统会按照交易双方的退款协议方案执行，同时退款申请结束。一旦无法达成一致，可提交平台裁决。裁决提交包括以下三种情形：

1) 买家提交纠纷裁决：自买家第一次提起退款申请开始第 4 天至第 15 天，若买卖双方无法协商一致，买家均可以提交至平台进行裁决。

2) 系统提交纠纷裁决：自买家第一次提起退款申请开始截至第 16 天，卖家未能与买家达成退款协议，买家未取消退款申请也未提交至平台进行裁决，系统会自动提交至平台。

3) 卖家提交纠纷裁决：若买家申请退款退货，在买家填写了退货地址的 30 天内，卖家未收到退货或收到的退货不对版，可以提交至平台进行裁决。

(2) 速卖通纠纷裁决流程

要做好纠纷处理，首先要熟悉和了解速卖通裁决流程，如图 6-2 所示。

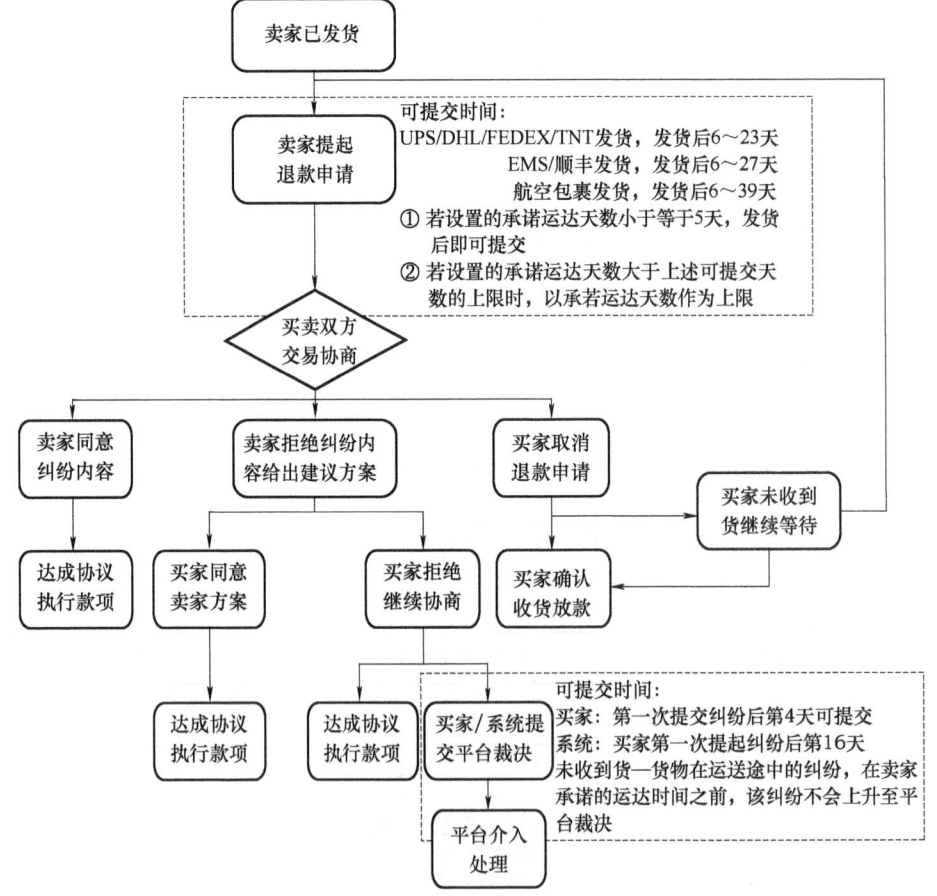

图 6-2 纠纷裁决流程图

三、速卖通裁决原则

1. 裁决申诉要求

速卖通客服人员会在纠纷产生的 2 个工作日内联系买卖双方（此期间，买卖双方都可以自主联系客服人员进行举证）；买卖双方需要按照规则在 7 日内提供相应的证明，如果任何一方逾期未提供，客服人员有权按照已得证明进行判定。最终平台会参看买卖双方纠纷协商阶段以及提交纠纷裁决阶段提供的证明进行裁决：

1）若现有证明充足，则直接给出裁决意见后进入申诉期；若证明不足，则联系双方限期提供相应证明，速卖通将根据双方提供的证明给出裁决意见，如果任何一方逾期未提供证明，速卖通会按照已得证明给出裁决意见并进入申诉期。

2）申诉期内若补充了充足的证明，则根据补充证明进行最终裁决，若未补充有效证明，则根据裁决意见进行最终裁决。

3）若买卖双方在申诉期内协商达成一致处理意见，速卖通会根据双方意见进行裁决。

如遇特殊纠纷，速卖通会根据具体情况进行处理并与买卖双方及时沟通，裁决时间可能会相应延长，最长会在速卖通介入后 45 天内做出裁决（退货案件除外）；其次，对于投诉内容包含信用卡投诉的，则以信用卡投诉处理意见为平台处理依据。

2. 举证责任

买卖双方在交易的过程中应该充分了解证据的重要性，要注意证据的收集与保管。交易平台将依据交易双方所提交的有效证据进行纠纷处理，因此，买卖双方都应承担举证责任。

1）谁投诉谁举证，投诉方在投诉的同时，需要提供支持投诉的有效证据，没有证据支持的投诉为无效投诉。

2）对于没有证据支持的投诉，平台将不予以处理，在规定时间如果不能提供充足的证据，平台将关闭纠纷。

3）平台处理人员会在纠纷提交以后与交易双方联系，交易双方需要在规定的时间之内提交有效证据，平台将以收集到的有效证据为依据处理纠纷。

4）如果对于投诉不服，被投诉方需要提供充足的反证，如果无法提供反证，则投诉方胜。

四、纠纷的处理原则

要做好纠纷处理，卖家除了要详细了解速卖通平台规则及处理流程之外，还应掌握纠纷处理的原则。

1. 真诚、不推诿

要做好纠纷处理，一定要与客户真诚沟通，了解客户投诉的具体理由。对客户的投诉不要一开始就保持警戒态度，与客户针锋相对是很不理智的行为。因此，一定要先了解客户所在国的国情和消费行为，比如客户投诉一直未能收到货时，卖家要真诚地与客户对接，把物流的相关信息及时反馈给客户。同时，如果是因为目的国海关的延迟、我国节假日发货的延迟或目的国节假日的派件延迟等原因，一定要尝试与客户解释清楚。

一旦发生纠纷,卖家不能一味地推诿责任。比如产品漏发纠纷,在客户投诉后,卖家一定要详细核对清单,如果发现时已方的责任,一定要勇于承担责任,及时补发或以其他方式进行补偿,争取双方协商解决,避免差评的出现。如果卖家推诿责任,会给客户留下不诚信的印象,影响店铺信誉,也流失了客源。

2. 热情、有礼貌

面对客户的投诉纠纷,卖家应保持与售前一样的热情接待。这种热情表现在对客户的尊重与积极解决问题的态度上。有些卖家收到纠纷投诉,消极对待,不主动与客户沟通交流,甚至放任不管。这样很容易让客户对卖家产生不满情绪,影响店铺的声誉和流量。因此,面对纠纷,卖家一定要主动热情地与客户保持联系,留住客户。

同时,在与客户协商时一定要有礼貌。无论是站内信、电子邮件或电话沟通,对客户都要用尊称,在语言表达方面应礼貌得当。不能因为彼此的纠纷而语言粗暴,否则,不但不能解决问题,反而会让客户更加反感。

3. 专业、流程化

在发生纠纷时,卖家一定要表现出对产品的专业性。比如客户因电子产品使用问题提交退款时,卖家要详细询问客户对该产品的使用情况,以专业的角度分析问题的产生原因。因为电子产品有可能因为客户操作不当对使用产生影响,如果及时找出问题所在,解决得当,不但能得到客户的谅解,也会给客户留下专业的形象。

作为速卖通卖家,面对的是来自全球各地的客户。因此,在处理纠纷时一定要有一套流程化的处理方案。比如面对不同类型的纠纷时的处理方法及补偿、退款等方面的制度化管理。这样有助于卖家在面对纠纷时能有条不紊地处理,也容易给客户留下专业化的好印象。

综上所述,要做好服务纠纷处理,卖家一定要及时与客户沟通,在沟通时保持专业、热情的态度,如果无法协商一致,在裁决处理时要学会流程化处理,尽量把纠纷对店铺的不良影响降到最低。

小案例

速卖通沟通服务:如何让差评变成好评

有个美国的客户,衣服尺码大了一点,但是号码没有错,要求退款。我们及时联系到了客户,很真诚地表示我们愿意积极合作,请求不要着急退款。我们给客户提出了3种方案:

第一,我们立即再发一件衣服给他,他只要付运费即可(第二件衣服的成本已经在第一件衣服的利润里了)。

第二,他在我家店铺里再购买一款其他产品,我们将免费把衣服跟新产品一起发给他。

第三,在我们店里选一款80美元以上的产品,扣除之前购买的40美元衣服的钱,就可以购买。

当然,这三种方案,我们都不赔钱。

结果:客户很开心,恨不得三种方案都选一遍,最终选择了第二种方案,又买了一个产品,给了5星,并且把要退款的那件衣服也给了5星。

就这样,我的一个差评变成了2个5星的好评。

本章小结

沟通服务技巧是每一个速卖通卖家必须掌握的技能。无论在售前、售中、售后,卖家都要时刻与客户保持沟通联系,把服务意识渗透到交易的每一个环节。本章主要从沟通技巧、售后服务、纠纷处理三个方面指导卖家的交易服务,让卖家与客户沟通从语言、态度、流程等方面有一个全面的认识,提升服务技能。

本章习题

1. 沟通技巧主要体现在哪些方面?
2. 售后服务要做好哪些工作?
3. 纠纷处理的原则是什么?

PART 7 第七章 交易管理

交易管理是速卖通操作的一个重要环节。主要包括管理订单、物流订单、资金管理、评价管理等方面。只有了解交易管理的各个环节，才能更好地把店铺管理得井井有条。

第一节 订单处理

订单是每个速卖通卖家都非常关注的事情。我们的店铺转化率如何，营销推广是否成功，客户是否信任，实际上和订单的多少有直接的关系。如果我们的订单工作没有处理好，很有可能影响到店铺的整体好评率，影响到店铺的等级，更长远来说可能会影响到店铺的可持续发展，所以一定要重视订单处理这个基础的工作。

一、买家下单

买家选择自己喜欢的产品后，在产品详细信息页面单击"Buy Now"按钮，即进入创建订单页面。买家成功填写订单信息并提交后即可生成订单，如图7-1所示。

图7-1 买家下单

1. 订单提示

进入速卖通后台，选择"交易"选项，在"全部订单"页面中查询"我的订单"信息，如图 7-2 所示。

图 7-2　订单信息

2. 修改订单折扣

在买家未付款之前，卖家可以调整价格。如果买家要求卖家调整价格，在双方达成协商之后，卖家可以在"进行中的订单"页面中，选择需要修改折扣的订单，单击"调整价格"按钮，进入订单详情页面，对折扣信息进行修改。如果买家已经付款，卖家则无法再调整交易价格，如图 7-3 所示。

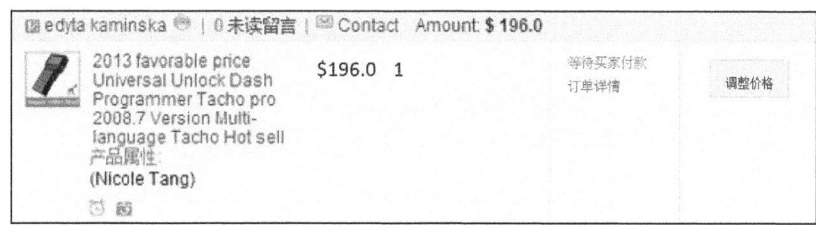

图 7-3　调整价格

3. 取消订单

订单是需要卖家来确认的，拒绝或同意，这要根据实际情况来处理。如果买家勾选的取消原因是卖家缺货等属于卖家的责任，那么这个订单是属于成交不卖的，卖家会被平台惩罚，一定要尽量避免。所以应努力沟通，让买家即便取消订单，也要勾选买家责任的选项，如放错东西到购物车等其他原因。

二、买家付款

1. 买家已付款

买家创建订单并确认之后，进入买家付款页面，目前平台支持买家通过 Moneybookers、PayPal、信用卡、借记卡、TT 汇款等多种方式在速卖通平台在线支付货款。买家选择任意一种支付方式后，单击"Pay My Order"按钮即可进入支付页面进行支付。若买家在订单生成后 20 天逾期不付款，订单将会自动关闭。

进入速卖通后台，选择"交易"选项，打开"管理订单"，在"进行中的订单"页面中可以查看订单信息。如果买家付款成功，订单状态会显示为"等待您发货"的状态，如图7-4所示。

图 7-4　等待发货的订单

2．买家未付款

如果买家还未付款，卖家可以通过订单详情查看买家剩余付款时间，如图7-5所示。如果买家逾期未付款（20天），订单将会自动关闭。卖家可多留意买家未付款的剩余时间，提醒买家尽快付款，同时注意在买家付款成功后进行发货。

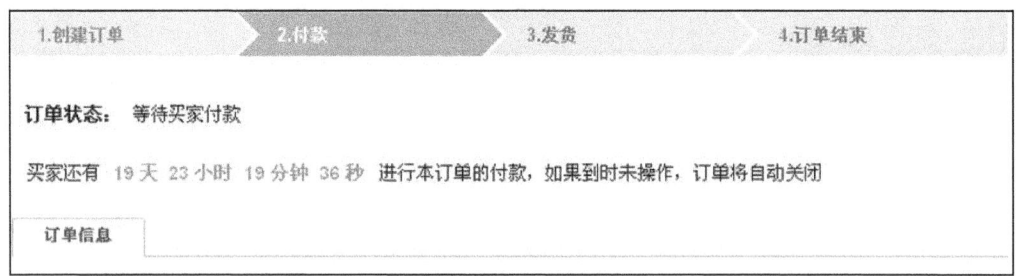

图 7-5　买家未付款

三、卖家发货

操作指南

步骤1：待发货订单选择线上发货。

买家付款成功后，订单进入"等待卖家发货"状态，卖家可以在速卖通后台，选择"交易"选项，单击"所有订单"，打开"我的订单"页面中选择"等待您发货"选项，如图7-6所示。

步骤2：选择物流方案，系统根据你的订单信息列出可选的线上发货物流方案及预估运费，如图7-7所示。

步骤3：创建单条物流订单，如图7-8所示。

步骤4：批量选择物流订单，选择线上发货物流方式，导出订单表Excel，填写完成后，再上传Excel表格即可批量创建线上发货订单，如图7-9所示。

第七章
交易管理

图 7-6 选择线上发货

图 7-7 选择线上物流

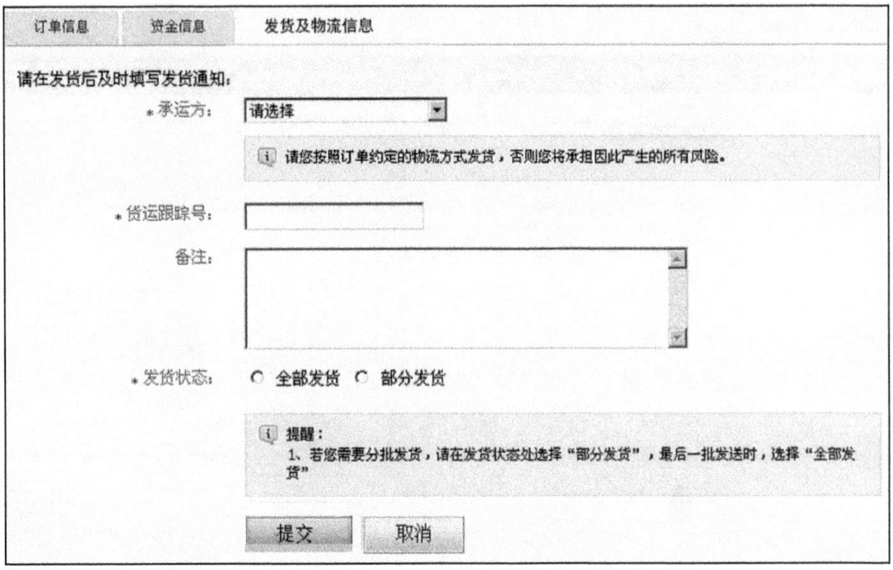

图 7-8 创建单条物流订单

图 7-9 批量线上发货

步骤 5：货物打包。卖家需要打印发货标签，把标签粘贴在包裹外包装上再交货给物流商，如图 7-10 所示。

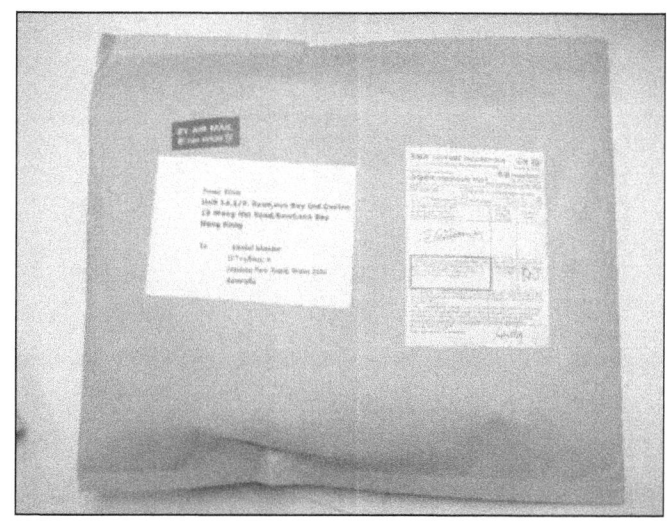

图 7-10　货物打包

步骤 6：交货给物流商。符合物流商揽收规则的包裹物流商会上门揽收，不符合揽收规则的包裹需要卖家自行发货到仓库。

步骤 7：填写发货通知。物流订单创建成功后，系统会生成运单号给卖家填写发货通知，如图 7-11 所示。

步骤 8：支付运费，如图 7-12 所示。

图 7-11 填写发货通知

图 7-12 支付运费

线上发货运费支付规则：

1）包裹入库后，第二天 23:00 前，卖家可以主动支付运费，可选择通过国内支付宝账户支付人民币，也可以选择支付宝国际账户支付美元。

2）包裹入库后，如果在第二天 23:00 前，卖家未主动支付，系统将从卖家支付宝国际账户中自动划扣美元。

四、买家收货

速卖通会在 1~3 个工作日内对卖家提供的妥投截屏进行审核。审核通过的，速卖通会给买家去信要求其确认收货，买家确认收货后速卖通放款给卖家，若 5 日内买家未确认的，速卖通将在第 6 日放款给卖家。审核未通过的，速卖通会邮件通知卖家；同时，第二次请款功能将在上次请款之日起 15 日后再次开启。

五、卖家收款

平台放款原则：

1）买家确认收货并同意放款。

2）平台查到货物妥投信息。

只有同时满足交易成功和货物妥投两个条件，平台才会放款给卖家。

买家确认放款之后，系统会自动查询订单中货运跟踪号的状态，如状态正常，订单款项将会自动支付给卖家，订单结束。

第二节 交 易 评 价

交易评价反映了卖家的交易数量与质量，是买家下单时所考虑的重要因素。好评率越高，买家下单的可能越大，产品排名越靠前；反之，好评率越低，越会影响产品的排名及曝光。

一、交易后的评价

在订单交易完成后的 30 天内，买卖双方需要做好评价，超时之后将无法评价。除以下情况不能评价外，其余的只要支付成功的订单都可以评价。

买家选择 TT 付款，但最终未获卖家确认的订单无法评价。

资金审核时系统自动关闭或人工关闭的订单无法评价。

卖家发货超时，买家申请取消订单并且卖家同意，卖家申请退款等交易结束前已全部退款的订单不可评价。

二、管理评价

当交易正常结束后，买卖双方可以对彼此进行评价。进入速卖通后台，卖家在"我的订单"页面下，可以看到"等待您留评"的订单，如图 7-13 所示。

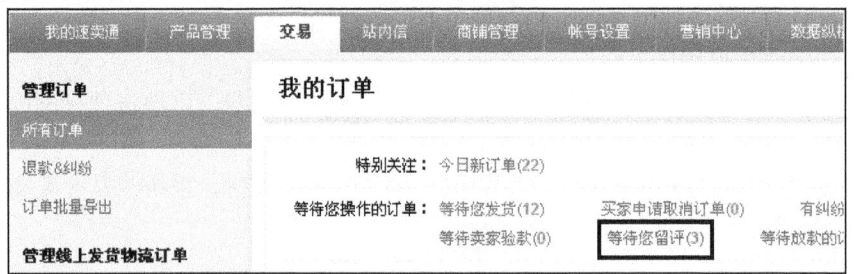

图 7-13　等待您留评

当买卖双方在规定时间内互相进行评价后，在"交易"选项，打开"管理交易评价"页面，在"生效的评价"中可以查看评价信息，如图 7-14 所示。

图 7-14　评价信息

在自己的店铺上找到该产品，在产品页面下方有历史成交记录，同时可以看到买家做出的评价。生效的评价信息一般会在 24 小时内更新到店铺中展示。

三、评价分类

对于卖家而言，全球速卖通平台的评价分为信用评价及卖家分项评分两类，如图 7-15

所示。

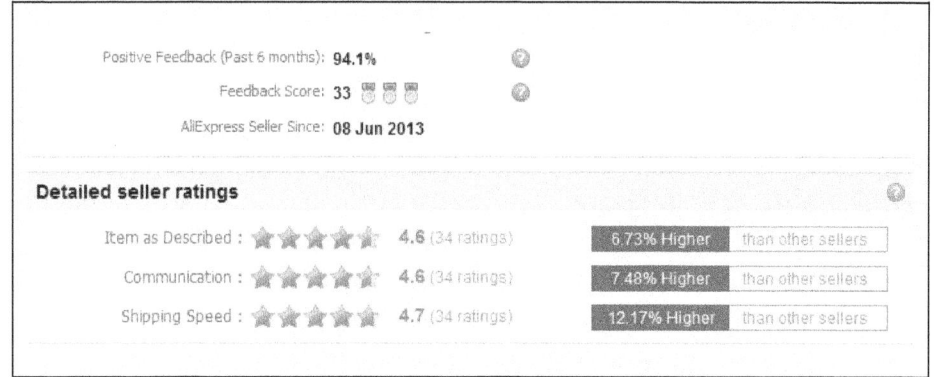

图 7-15 评价分类

信用评价是指交易的买卖双方在订单交易结束后对对方信用状况的评价,信用评价包括五分制评分和评论两部分。

卖家分项评分是指买家在订单交易结束后以匿名的方式对卖家在交易中提供的商品描述的准确性、沟通质量及回应速度、物品运送时间合理性三方面服务做出的评价,是买家对卖家的单向评分。

信用评价买卖双方均可以进行互评,但卖家分项评分只能由买家对卖家做出评价。

卖家的评价情况可以从评价档案中看出,如图 7-16 所示,包括近期评价摘要(会员公司名、近 6 个月好评率、近 6 个月评价数量、信用度和会员起始日期)、评价历史(过去 1 个月、3 个月、6 个月、12 个月及历史累计的跨度内的好评率、中评率、差评率、评价数量和平均星级等指标)和评价记录(会员得到的所有评价记录、给出的所有评价记录以及在指定时间段内的指定评价记录)。

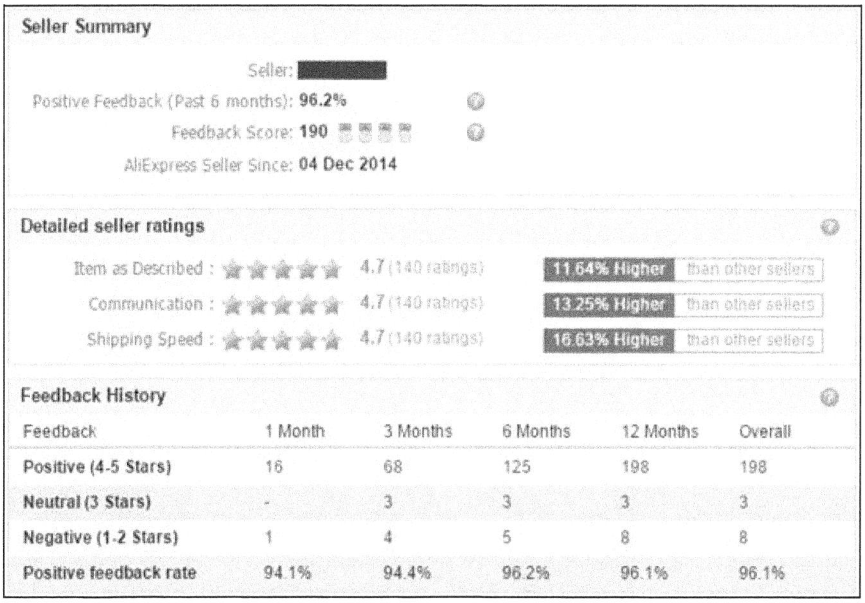

图 7-16 卖家评价档案

好评率＝6个月内好评数量/（6个月内好评数量+6个月内差评数量）

差评率＝6个月内差评数量/（6个月内好评数量+6个月内差评数量）

平均星级＝所有评价的星级总分/评价数量

卖家分项评分中各单项平均评分＝买家对该分项评分总和/评价次数（四舍五入）

对于信用评价，卖家对买家给予的中、差评有异议的，可在评价生效后30日内联系买家，由买家对其评价进行修改；买家可在评价生效后30日内对自己做出的该次评价进行修改，但修改仅限于中、差评改为好评，修改次数仅限1次。

对于信用评价，买家对卖家给予的中、差评有异议的，可在评价生效后30日内联系卖家，由卖家对其评价自行修改；卖家可在评价生效后30日内对自己做出的该次评价进行修改，但修改仅限于中、差评改为好评，修改次数仅限1次。

买卖双方也可以针对自己收到的差评进行回复解释。

对于卖家分项评分，一旦买家提交，评分即时生效且不得修改。若买家信用评价被删除，则对应的卖家分项评分也随之被删除。

本 章 小 结

本章主要介绍了买家通过速卖通交易平台下单付款后，卖家通过国际快递将商品送达买家手中，确认收货后，买卖双方进行评价，完成交易的流程。

本 章 习 题

1. 速卖通的交易流程是什么？
2. 评价分为哪两类？
3. 什么是信用评价？

PART 8 第八章 跨境物流

在速卖通平台，要想顺利地完成一笔交易，可靠而快捷的国际物流环节是必不可少的。而国际物流在物流费用、运送时间及运送手续上都与国内物流有较大的差异。作为初来乍到的速卖通新手卖家如何选择适合自己的物流呢？下面就让我们一起来了解速卖通平台的物流方式、物流模板设置及物流的发货流程。

第一节 国际物流方式

根据《全球速卖通平台规则（卖家规则）》，全球速卖通只支持卖家使用航空物流方式，支持的物流方式包括 UPS、DHL、FedEx、TNT、EMS、顺丰、中国邮政、香港邮政航空包裹服务及全球速卖通日后指定的其他物流方式。

目前，速卖通平台的国际物流方式主要有图 8-1 所示的商业快递、邮政物流、专线物流、海外仓集货物流及其他物流 5 种。下面我们将详细介绍这些物流方式的特点，卖家可以根据自己的实际需求选择相应的物流方式。

图 8-1 速卖通平台的国际物流方式

一、商业快递

速卖通平台常用的商业快递方式主要有 UPS、DHL、FedEx、TNT、顺丰等。不同的快递公司在价格、服务、时效等方面都有所区别。

1. UPS

UPS（United Parcel Service，联合包裹速递服务公司）是世界上最大的快递承运商与包裹递送公司，1907 年成立于美国，作为世界上最大的快递承运商与包裹递送公司，UPS 同时也是专业的运输、物流、资本与电子商务服务的领导性提供者。

（1）UPS 的时效

一般 2～4 个工作日可送达。具体可以在 UPS 官网在线下单时计算递送时间。如遇海关查车等不可抗因素，派送时间以海关放行为准。

（2）UPS 资费

UPS 的资费标准以其官网（https://www.ups.com）公布的信息为准，也可以在在线下单时计算具体的资费。

（3）UPS 的优缺点

1）UPS 的主要优点：

① 速度快、服务好，邮往美国的话，差不多 48 小时即可到达。

② 货物可送达全球 200 多个国家和地区。

③ 查询网站信息更新快，可全程跟踪查询，遇到问题解决及时。

④ 可以在线发货，全国 109 个城市提供上门取货服务。

2）UPS 的主要缺点：

① 运费较贵，要计算产品包装后的体积和重量。

② 对托运物品的限制比较严格。

③ 强项仅在欧美和日本线路。

经验分享

（1）UPS 快递对货物体积和重量有无限制？

体积限制：最长边不超过 2.7m，1 长+2 宽+2 高小于 4.19m。超过拒收。

重量限制：单件不超过 70kg。超过拒收。

非规则形状物品每个包裹征收 40 元附加费，周长在 330～419cm 之间，每个包裹加收 378 元。

（2）是否有燃油附加费？

有，基本每月更新。

（3）是否按体积重量计费？

是。（长×宽×高/5 000）

（4）是否有偏远地区服务费？

有，根据具体地址判断是否收取，若收取，则每次为人民币 167 元。

（5）是否可购买保险？

只对有账号客户提供的服务，公式为（申报金额−800）/800×3.2=保险金。

2．DHL

DHL 是德国邮政下属的国际快递物流公司，属于全球四大快递公司之一。

（1）DHL 的时效

一般 3~7 个工作日可送达，不包括清单时间，特殊情况除外。

（2）DHL 资费

DHL 的资费可在其官网（http://www.cn.dhl.com）上根据需邮寄物件获取报价。

（3）DHL 的优缺点

1）DHL 的优点：

① 速度快，邮往欧洲一般 3 个工作日，到东南亚一般 2 个工作日。

② 可送达国家网点比较多。

③ 查询网站货物状态更新较及时，遇到问题解决速度快。

④ 21kg 以上物品有单独的大货价格，部分地区大货价格比国际 EMS 还要便宜。

⑤ 通过货代能拿到 5 折左右的折扣。

2）DHL 的缺点：

① 走小货的话，价格较贵不划算，需要考虑产品体积。

② 对托运物品限制比较严格，拒收许多特殊商品。

经验分享

（1）DHL 快递对货物体积和重量有无限制？

体积限制：3m×2m×1.6m，最长边不超过 1.2m，超过需加收 RMB 200/票的附加费。

重量限制：单件不超过 70kg，超过需加收 RMB 200/票的附加费。

（2）是否有燃油附加费？

有，基本每月更新。

（3）是否按体积重量计费？

是。（长×宽×高/5 000）

（4）是否有偏远地区服务费？

有，根据具体地址判断是否收取，若收取，则每次为人民币 150 元。

（5）是否可购买保险？

可以，国际快件支付投保金额的 1%（最低保险费为人民币 100 元），可自行选择是否购买。

（6）是否有关税？

可能会产生，无法预估。

3. FedEx

FedEx（联邦快递）是一家国际性速递集团，提供隔夜快递、地面快递、重型货物运送、文件复印及物流服务，总部设于美国田纳西州。联邦快递设有环球航空及陆运网络，通常只需一至两个工作日，就能迅速运送时限紧迫的货件，确保准时送达，并且设有"准时送达保证"。

FedEx 的时效及资费均可以在其官网（http://www.fedex.com/cn/index.html）获取。

FedEx 的优缺点主要是：

1）FedEx 的优点：

① 适宜邮递 21kg 以上的大件，到中南美洲和欧洲的价格较有竞争力，其他地区的运费较贵。

② 网站信息更新快，查询响应快。

③ 网络覆盖全。

2）FedEx 的缺点：

① 折扣较少，价格较贵。

② 需要考虑产品体积重，且体积重超过实际重按体积重量计算。

③ 对所运物品限制较多。

经验分享

（1）FedEx 快递对货物体积和重量有无限制？

体积限制：最长边不超过 1.74m，1 长+2 宽+2 高小于 3.3m。超过拒收。

重量限制：单件不超过 68kg，超过拒收。但每票总重量无限制。

注：单箱超过 1 000kg，单边超过 274cm，不能承运。

（2）是否有燃油附加费？

有，基本每月更新。

（3）是否按体积重量计费？

是。（长×宽×高/5 000）

（4）是否有偏远地区服务费？

有，文件 35 元/票，快递袋 70 元，箱子 70 元或者 3.5 元/kg 取高。

4. TNT

TNT 快递是全球最大的快递公司之一，总部设在荷兰。TNT 快递在欧洲、中东、非洲、亚太和美洲地区运营航空和公路运输网络。

TNT 的时效和资费均可以在其官网（http://www.tnt.com/express/zh_cn）上查询。

TNT 的优缺点：

1）TNT 的优点：速度较快，到西欧 3 个工作日左右，可送达国家比较多，查询网站信息更新快，遇到问题响应及时。

2）TNT 的缺点：需要考虑产品体积重，对所运货物限制比较多。

经验分享

（1）TNT 快递对货物体积和重量有无限制？

体积限制：2.4m×1.6m×1m。

重量限制：单件超过 50kg 收加人民币 100 元左右；单件超过 70kg 的货物需打卡板，否则拒收；全球服务单件超过 30kg 的货物需打卡板，否则拒收。

（2）TNT 快递收费中是否有燃油附加费？

有，基本每月更新。

（3）是否按体积重量计费？

是。（长×宽×高/5 000）

（4）是否需要安检费？

需要，0.5 元人民币/kg，最低 5 元人民币，最高 100 元人民币。

（5）是否可购买保险？

可以，2 000 元（含）人民币以下是 2 元，2 000 元人民币以上是货价的 4‰。

5．顺丰

1993 年，顺丰速运诞生于广东顺德。自成立以来，顺丰始终专注于服务质量的提升，不断满足市场的需求，在中国大陆、中国香港、中国澳门、中国台湾建立了庞大的信息采集、市场开发、物流配送、快件收派等业务机构及服务网络。

与此同时，顺丰积极拓展国际件服务，目前已开通美国、日本、韩国、新加坡、马来西亚、印度、印尼、泰国、越南、澳大利亚、俄罗斯、蒙古等国家的快递服务。顺丰速运所能到达的国家有限。

邮往韩国、新加坡无燃油附加费，较适宜发往以上两地的货物。

二、邮政物流

邮政物流包括各国及中国香港邮政局的邮政航空大包、小包，以及中国邮政速递物流分公司的 EMS、ePacket 等。

1．EMS

EMS（特快专递邮件业务）是中国邮政速递物流与各国邮政合作开办的中国大陆与其他国家、中国台港澳地区之间寄递特快专递邮件的一项服务。EMS 在各国邮政、海关、航空等部门均享有优先处理权。EMS 资费在不同时期折扣不同，卖家可与各货代公司协商。EMS 国际快递的投递时间通常为 3～8 个工作日，不包括清关的时间。由于各个国家和地区的海关处理时间不一样，有些国家的包裹投递时间可能会长一些，具体的承诺妥投时间以官方网站公布的时间为准。EMS 对于货物体积和重量的限制要求可参考官网。

1）EMS 的优点：

① 邮政的投递网络强大，覆盖面广，价格比较合理。

② 具有优先通关的权利，即使通关不过的货物也可免费运回国内，其他快递一般都要收费。

③ EMS 适合发小件且对时效要求不高的货物。

④ 可走敏感货物，不容易产生关税问题。

⑤ EMS 寄往南美国家及俄罗斯等国家有绝对优势。

2）EMS 的缺点：

① EMS 相比于商业快递来说，速度会偏慢一些。

② 查询网站信息滞后，出现问题只能做书面查询，且查询时间较长。

③ EMS 不可以一票多件，且大货价格偏高。

2．ePacket

ePacket 俗称 e 邮宝，又称 EUB，是中国邮政速递物流旗下的国际电子商务业务。ePacket 目前可发往美国、澳大利亚、英国、加拿大、法国和俄罗斯。

卖家在发货的时候特别要注意，中国邮政对 e 邮宝是没有承诺事项的。

e 邮宝对货物的尺寸和重量限制是单件最高限重 2kg，邮件长宽高的和不能超过 90cm，最长边不能超过 60cm。美国和澳大利亚的 e 邮宝业务可提供全程时限追踪调查。

需要注意的是，e 邮宝业务不受理查单业务，不提供邮件丢失、延误赔偿。因此，e 邮宝不适合寄送价值较高的货物。

3．中国邮政航空大、小包

中国邮政航空大包，俗称"航空大包"或"中邮大包"。中国邮政大包除了航空大包外，还有水陆运输、空运水陆路运输的大包，速卖通平台仅支持航空大包。

中国邮政航空大包可寄达全球 200 多个国家，价格低廉，清关能力强，对时效性要求不高且稍重的货物可选此方式发货。

中国邮政航空大包的优点：运费便宜，首重和续重都是 1kg，清关能力强，能邮寄的物品比较多（如化妆品、包、服装鞋子、各种礼品以及许多特殊商品等），派送网络世界各地都有。

中国邮政航空大包的缺点：限制重量 20～30kg，运送时间比较长，到达许多国家的货物状态无法在网站上查询跟踪。

中国邮政航空小包是指重量在 2kg 以内，外包装长宽高的和小于 90cm，且最长边小于 60cm，通过邮政空邮服务寄往国外的小包。中国邮政航空小包可以分为平邮小包和挂号小包，为了客户体验，最好选择挂号小包，因为平邮小包是不可查询的，丢单率高。中国邮政航空小包的运费比较便宜，这是最大的优点，但是运送的时间总体较长，许多国家都是不支持全程追踪的。

4．其他国家和地区的邮政小包

邮政小包是使用较多的一种国际物流方式，依托万国邮政联盟网点覆盖全球。虽然各国邮政小包对于重量、体积、禁限寄物品要求等方面均存在很多共同点，但仍然在优势区域、价格和时效、承运物品限制方面存在很大差异。为了让各卖家能灵活地综合使用各种小包渠道，下面对常用的航空小包的特点进行简单的介绍。

新加坡小包：价格适中，服务质量高于邮政小包一般水平，目前是常见的手机、平板电脑等含锂电池产品的运输渠道。

瑞士邮政小包：欧洲线路的时效较快，但价格较高。欧洲通关能力强。

瑞典小包：欧洲线路时效较快，俄罗斯通过及投递速度较快，且价格较低。它是到俄罗斯首选的物流方式，而且在某些时段安检对电池的产品管制没那么严格，可用于寄带电产品。

三、专线物流

速卖通平台与各国邮政、当地商业快递合作搭建了面向不同国家的专线，这些专线与其他物流渠道不同，是通过速卖通平台线上发货来使用的。目前速卖通平台的专线物流主要有中东专线、中俄专线和其他专线三类。

1. 中东专线

中东专线又称 Aramex 专线，是上海博远国际快递公司开发的从上海直飞中东地区的航空国际快递专线，是以专一的航线从思比特物流出发到中东地区或从中东地区到中国门到门的快递服务。中东专线具有时效快、价格便宜、清关顺利的优点，缺点是其主要优势在中东地区，区域性很强。

中东专线是发国际货物去中东国家的首选，时效有保障，正常时效为 3 个工作日，一般时间为 2～5 天，可通达中东、北非、南亚等 20 多个国家，具有很大的价格优势。

2. 中俄专线

中俄专线是面向速卖通卖家提供的从国内多地出境，运送至俄罗斯全境的快递服务。在速卖通平台上，中俄专线主要有芬兰邮政经济小包(Posti Finland Economy)、速优宝芬兰邮政(Posti Finland)、139 俄罗斯专线（139 Economic Package）、中俄航空 Ruston（Russian Air）、俄路通自提服务（CTR-LAND PICKUP）、中俄快递-SPSR（Russia Express-SPSR）等。

（1）芬兰邮政经济小包（Posti Finland Economy）

芬兰邮政经济小包又称速优宝芬邮经济小包，是由速卖通和芬兰邮政针对 2kg 以下小件物品推出的空邮产品，免挂号费，运送范围为俄罗斯、白俄罗斯。

芬兰邮政经济小包的优势体现在：

1）价格优惠：不需要挂号费，适合货值低（仅订单金额≤7 美元的订单可使用）、重量轻的物品。其具体价格可在速卖通平台下载。

2）收寄信息可查询：可查询包裹从揽收到收寄的追踪信息，平台规则认可使用。

3）交寄方便：深圳、广州、义乌、金华、杭州、上海、苏州、北京、宁波由揽收服务商"燕文"提供免费上门揽收服务，非揽收区域卖家可自行寄送至集运仓库。

4）赔付保障：国内段邮件丢失或损毁由揽收服务商提供赔偿，可在线发起投诉，投诉成立后最快 5 个工作日完成赔付。

（2）速优宝芬兰邮政（Posti Finland）

速优宝芬兰邮政即速优宝芬邮挂号小包，是由速卖通和芬兰邮政针对 2kg 以下小件物品推出的香港口岸出口特快物流服务，运送范围为俄罗斯、白俄罗斯全境邮局可到达的区域。

速优宝芬兰邮政的优势体现在：

1）时效快：芬兰邮政与俄罗斯、白俄罗斯邮政合作快速通关，快速分拨派送，正常情况下俄罗斯全境派送时间不超过 35 天。

2）交寄便利：深圳、义乌、金华、杭州、上海、宁波、苏州、北京及广东省内提供免费上门揽收服务，卖家可选择揽收服务商"燕文"或"申通"上门揽收。揽收区域之外可以自行发货到指定集货仓，自行发货所用物流公司由卖家自己选择。

3）赔付保障：邮件丢失或损毁提供赔偿，可在线发起投诉，投诉成立后最快 5 个工作日完成赔付，赔付上限 300 元人民币。

(3) 139 俄罗斯专线（139 Economic Package）

139 俄罗斯专线是一三九快递（北京）有限公司经营的中国至俄罗斯、哈萨克斯坦、吉尔吉斯斯坦的经济快递专线。

139 俄罗斯专线的具体资费和运送限制可在其官网（http://www.139express.com）上进行查询。

139 俄罗斯专线至俄罗斯、哈萨克斯坦包裹限制是 20kg，至吉尔吉斯斯坦限重 50kg，且很多地区需要自提，上门取货需另外收费。

(4) 中俄航空 Ruston（Russian Air）

中俄航空 Ruston 是由黑龙江俄速通国际物流有限公司提供的中俄航空小包专线服务。

中俄航空 Ruston 的优势主要有：

1）时效快：包机直达俄罗斯，80%以上的包裹 25 天内到达买家目的地邮局。

2）价格优惠：0.08 元/g+挂号费 7.4 元/件。

3）交寄便利：深圳、广州、金华、义乌、杭州、宁波、上海、苏州、北京 1 件起免费上门揽收，揽收区域或非揽收区域也可自行发货到指定集货仓。

4）赔付保障：邮件丢失或损毁提供赔偿，可在线发起投诉，投诉成立后最快 5 个工作日完成赔付。

(5) 俄陆通自提服务（CTR-LAND PICKUP）

俄陆通自提服务是中国-俄罗斯含双清转运的陆运零担配送，包税双清，各城市门点自取。

俄陆通自提服务的配送费用：0~16kg，运费都是 120 元；超过 16kg，7.5 元/kg，关税另计。

俄陆通自提服务适合大件商品，买家自提价格非常优惠。

(6) 中俄快递-SPSR（Russia Express-SPSR）

中俄快递-SPSR 服务商 SPSR Express 是俄罗斯优秀的商业物流公司，也是俄罗斯跨境电子商务行业的领军企业。中俄快递-SPSR 面向速卖通卖家提供经北京、香港、上海等地出境的多条快递线路，可寄送重量 100g~15kg，尺寸在 60cm×60cm×60cm 以内的包裹，运送范围为俄罗斯全境。

中俄快递-SPSR 的优势有：

1）时效快：俄罗斯境内 75 个主要城市（包含莫斯科、圣彼得堡等）11~14 天内到达，其他偏远地区 31 天内可到达。

2）交寄方便：深圳、广州、义乌、金华、杭州、宁波、上海、苏州、北京由揽收服务商"燕文"提供免费上门揽收服务，非揽收区域卖家可自行寄送至集运仓库。

3）取件便利：其在俄罗斯境内 260 多个城市遍布 900 多个方便的自提点。

4）赔付标准高：为邮件丢失或损毁提供赔偿，可在线发起投诉，投诉成立后最快 5 个工作日完成赔付，赔付上限为 1 500 元人民币。

3．其他专线

速卖通平台的其他物流专线包括：航空专线-燕文（Special Line-YW）、中外运-英邮经济小包（Royal Mail Economy）、中外运-西邮标准小包（Correos PAQ 72）、中外运-西邮经济小包（Correos Economy）等。

（1）航空专线-燕文（Special Line-YW）

航空专线-燕文的物流商是北京燕文物流有限公司。航空专线-燕文已开通拉美专线、俄罗斯专线、印尼专线，支持发往拉美地区 20 个国家、俄罗斯、印尼。

航空专线-燕文的优势体现在：

1）时效快。

① 拉美专线：通过调整航班资源一程直飞欧洲，再发挥欧洲到拉美航班货量少的特点，快速中转，避免旺季爆仓，大大缩短妥投时间。

② 俄罗斯专线：与俄罗斯合作伙伴实现系统内部互联，全程无缝可视化跟踪。国内快速预分拣，快速通关，快速分拨派送，正常情况下俄罗斯全境派送时间不超过 25 天，人口 50 万以上城市派送时间少于 17 天。

③ 印尼专线：使用服务稳定、可靠的香港邮政挂号小包服务，由于中国香港到印尼航班多，载量大，同时香港邮政和印尼邮政有良好的互动关系，因此，香港邮政小包到达印尼的平均时效优于其他小包。

2）交寄便利：深圳、广州、金华、义乌、杭州、宁波、上海、苏州、北京提供免费上门揽收服务，揽收区域之外可以自行发货到指定集货仓。

3）赔付保障：邮件丢失或损毁提供赔偿，可在线发起投诉，投诉成立后最快 5 个工作日完成赔付。

（2）中外运-英邮经济小包（Royal Mail Economy）

中外运-英邮经济小包是中外运空运发展股份有限公司联合英国邮政针对速卖通卖家的重量≤2kg 和成交价值≤15 英镑（约合 20 美元）的包裹推出的国际航空干线直航到伦敦+英国邮政清关+末端英国邮政 RM24（Untrack）派送的经济小包服务，运送范围为英国全境。

（3）中外运-西邮标准小包（Correos PAQ 72）

中外运-西邮标准小包是中外运空运发展股份有限公司联合西班牙邮政针对速卖通卖家的重量在 30kg 以内的货物共同推出的国际商业快递干线+末端西班牙邮政快递派送的标准小包服务，运送范围为西班牙全境。

（4）中外运-西邮经济小包（Correos Economy）

中外运-西邮经济小包是中外运空运发展股份有限公司联合西班牙邮政针对速卖通卖家的重量≤2kg 和成交价值≤15 英镑（约合 20 美元）的货物，共同推出的国际商业快递干线+末端西班牙邮政平邮派送的经济小包服务，运送范围为西班牙全境。

四、海外仓集货物流

海外仓集货物流是指由网络外贸交易平台、物流服务商独立或共同为卖家在销售目标地提供的货品仓储、分拣、包装、派送的一站式控制与管理服务。卖家将货物存储到当地仓库，当买家有需求时，第一时间做出快速响应，及时进行货物的分拣、包装以及递送。整个流程包括头程运输、仓储管理和本地配送三个部分。

海外仓集货物流的优势：用传统外贸方式走货到仓，可以降低物流成本；相当于销售发生在本土，可提供灵活可靠的退换货方案，提高了海外客户的购买信心；发货周期缩短，发货速度加快，可降低跨境物流缺陷交易率。此外，海外仓集货物流可以帮助卖家拓展销售品类，突破"大而重"的发展瓶颈。其劣势：不是任何产品都适合使用海外仓集货物流，最好是库存周转快的热销单品，否则容易压货。同时，对卖家在供应链管理、库存管控、动销管理等方面提出了更高的要求。

目前，速卖通平台开放海外仓集货物流的国家有美国、英国、俄罗斯、西班牙、德国、法国、意大利、澳大利亚、印度尼西亚，共9个国家。

速卖通平台卖家采用海外仓集货物流的流程如图8-2所示。

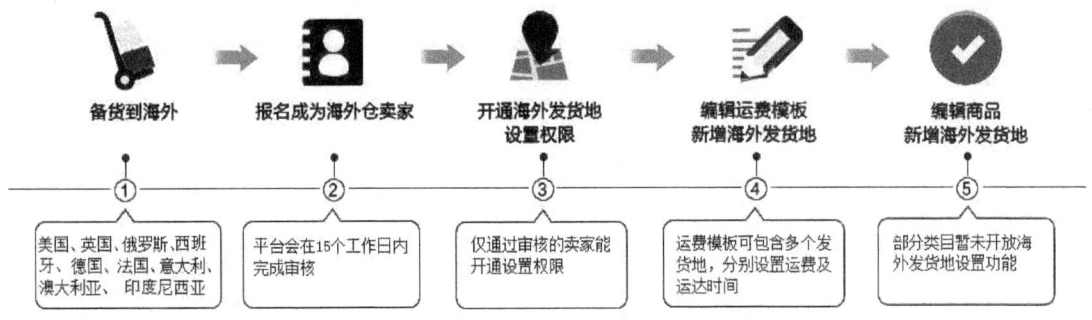

图8-2　速卖通平台的海外仓集货物流设置流程

五、其他物流

速卖通平台允许卖家使用除平台推荐的物流方式外的其他物流，但是平台要求卖家使用真实且物流信息可查询的物流方式发货，如果使用无法核实物流跟踪信息的物流方式，速卖通有权不予认可。

第二节　物流模板设置

数据统计发现，绝大部分海外买家喜欢用带有Free shipping（包邮）的短语来搜索商品，所以针对这种情况，很多速卖通卖家在产品标题开头都加了Free shipping，但是全世界的国家中有离中国很近的，也有离中国很远的。如果所有国家都包邮，那么显然是不现实的，所以要想在标题中加Free shipping关键词，又不想亏钱，那么设定一个合理的运费模板就非常重要了。

卖家在发布产品之前需要先设置好产品运费模板，如果没有自定义模板，则只能选择平台提供的新手运费模板才能发布产品。下面就来了解一下新手运费模板和自定义运费模板的设置。

一、新手运费模板

进入速卖通后台，选择"产品管理"选项，进入"运费模板"页面，如图8-3所示，即可对运费模板进行设置。

图 8-3 运费模板设置

名称为"Shipping Cost Template New Sellers"的即是新手运费模板。单击模板名称，可以看到"运费组合"和"运达时间组合"两个选项，如图 8-4 所示。

图 8-4 新手运费模板

在"运费组合"下平台默认的新手模板只包含了"China Post Registered Air Mail""Russian Air""EMS""ePacket"4种物流方式,平台提供的标准运费为这4大快递公司在中国(除港、澳、台)公布的价格,对应的减免折扣率则是根据平台与快递公司洽谈的优惠折扣提供的参考。平台显示的"其余国家不发货"有两重意思:一是部分国家不通邮或邮路不够理想;二是部分国家有更优的物流方式可选。

二、自定义运费模板

新手运费模板对于大多数卖家而言并不能满足需求。所以大多数卖家都需要结合自身情况进行运费模板的自定义设置。

进入速卖通后台,在运费模板界面,直接单击"新增运费模板"按钮,或是单击新手运费模板的"编辑"按钮,对新手运费模板进行编辑,即可进入到自定义运费模板的设置界面,如图8-5所示。

图8-5　新增运费模板

输入模板名称后,单击"展开设置"按钮,即可选择物流,设置优惠折扣、设置承诺运达时间,如图8-6所示。

图8-6　编辑运费模板

接下来以 EMS 的设置方法为例进行操作说明。

首先勾选该物流方式，如图 8-7 所示，然后对运费进行设置。点选"标准运费减免"意味着对所有国家执行此优惠标准；点选"卖家承担运费"就是对所有国家均采取卖家承担运费；如果只是部分国家和地区包邮，卖家只需点选"自定义运费"即可对运费进行个性化设置。运达时间设置也是如此，如果想对所有国家设置一样的运达时间，直接点选"承诺运达时间"输入承诺天数即可。

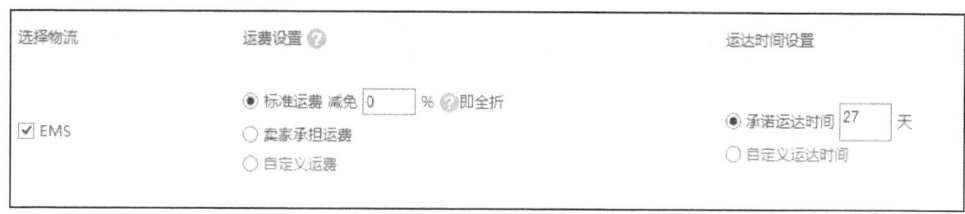

图 8-7　运费设置

大部分时候，卖家需要进行更细致的设置，则可以通过自定义运费和自定义运达时间来实现。

卖家点选"自定义运费"即可对运费进行个性化设置。设置的第一步是选择国家/地区，平台提供两种选择方法：一是按照地区选择国家；二是按照区域选择国家，如图 8-8 所示。

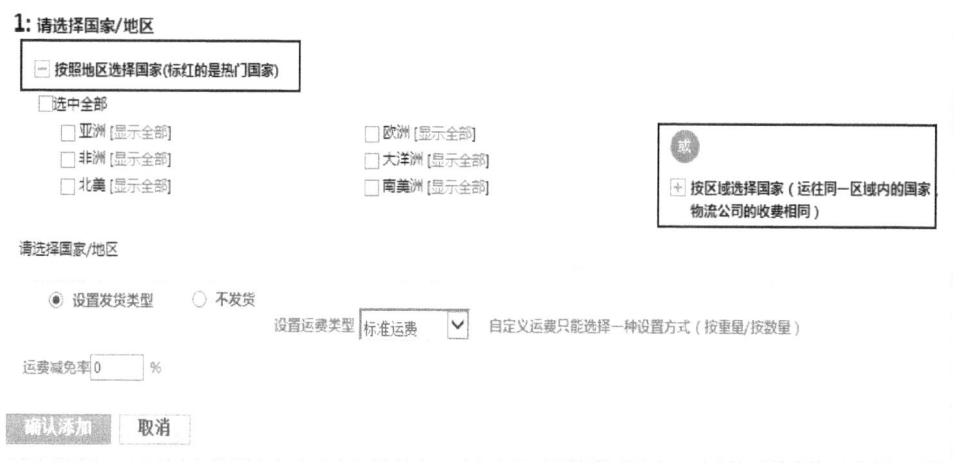

图 8-8　自定义运费

假设卖家需设置对"巴基斯坦"和"以色列"两个国家不发货，操作步骤如下：

1）选择国家。卖家可以自由选择平台提供的两种选择方式，即按照地区选择国家或按照区域选择国家来选择"巴基斯坦"和"以色列"这两个国家。以下按照区域选择国家来进行操作，如图 8-9 所示，分别找到"巴基斯坦"和"以色列"进行勾选。

2）对已选择的国家设置不发货。如图 8-10 所示，点选"不发货"后单击"确认添加"按钮即可完成对"巴基斯坦"和"以色列"两个国家的不发货设置。

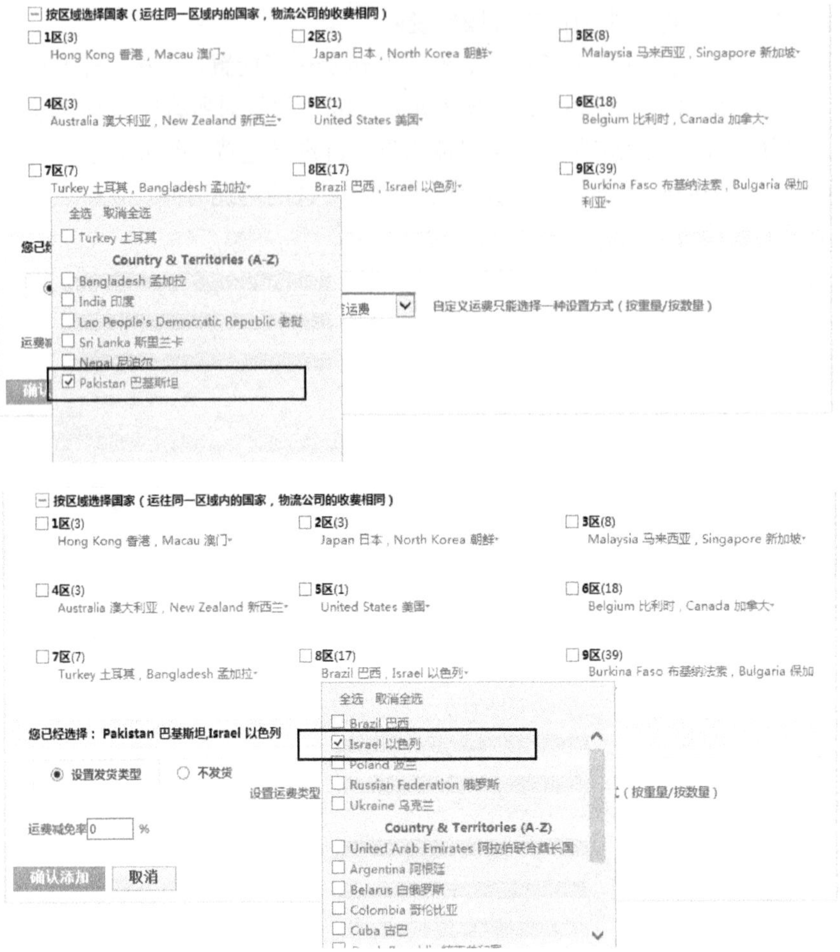

图 8-9 选择运费设置国家

图 8-10 设置不发货

假设卖家需对更多的国家进行个性化的设置,则单击"添加一个运费组合"按钮,如图 8-11 所示。

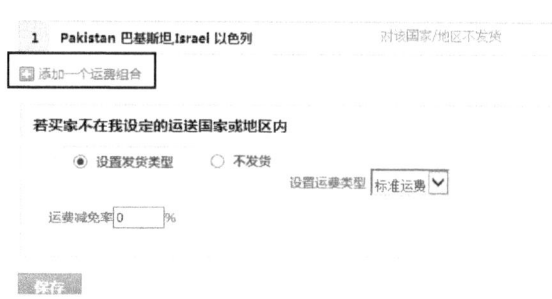

图 8-11 添加运费组合

在展开的界面选择相关的国家或地区,如"香港""澳门",再进行发货类型设置。发货类型除了"不发货"外,还可以对标准运费进行一定程度的折扣减免,如图 8-12 所示。

图 8-12 设置运费折扣

卖家也可以设置"包邮",如图 8-13 所示。

图 8-13 设置运费包邮

另外，卖家可以根据重量或数量进行自定义运费设置，如图8-14所示。设置完成后单击"确认添加"按钮后单击"保存"按钮即可。

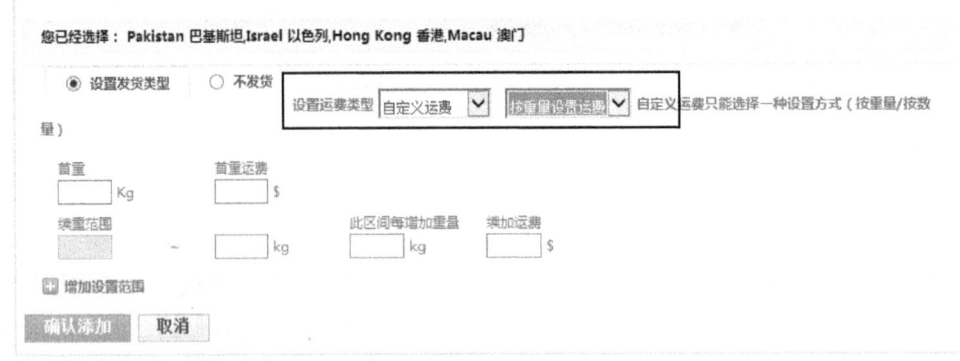

图8-14　自定义运费设置

除了上述自定义运费设置外，卖家还可以进行承诺运达时间的自定义设置。假设卖家需设置EMS运达美国时间30天，运达其余地区40天，则操作步骤如下：

1）点选EMS物流方式后，选择"自定义运达时间"，如图8-15所示。

图8-15　设置自定义运达时间

2）对不同的国家设置不同的承诺运达时间。选择"自定义运达时间"后，可以看到平台预设的承诺时间，如图8-16所示。

图8-16　设置承诺运达时间

为了更好地保障卖家和买家的权益，卖家应该从以下几点出发设置承诺运达时间：一是买家购物体验,二是邮路的实际情况,三是卖家防止买家在承诺最后运达时间到期前提起纠纷。卖家可结合自身实际情况从以上三方面寻求一个平衡点。假设卖家需设置 EMS 运达时间为美国 30 天,其余地区 40 天,则先选择美国然后设置运达时间,如图 8-17 所示。

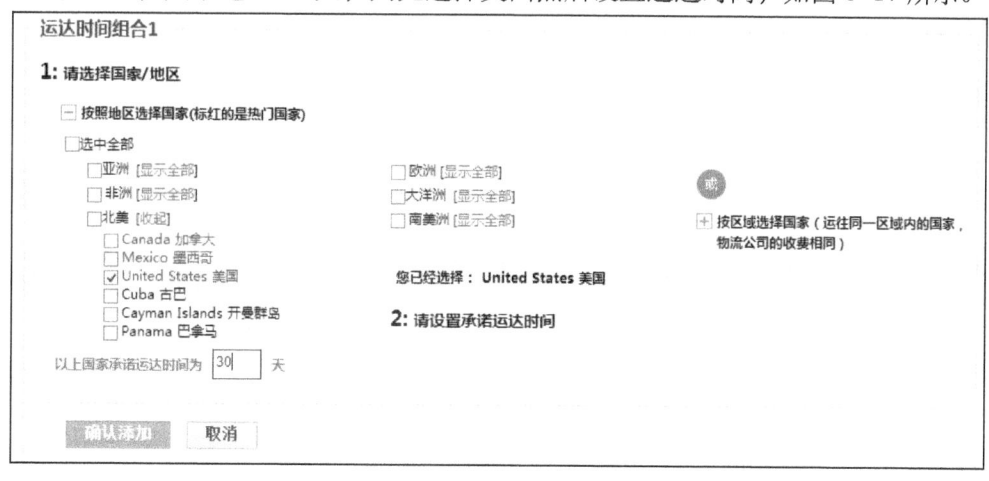

图 8-17 设置承诺运达时间

然后确认添加,如图 8-18 所示,设置其余地区运达时间为 40 天后保存即可。

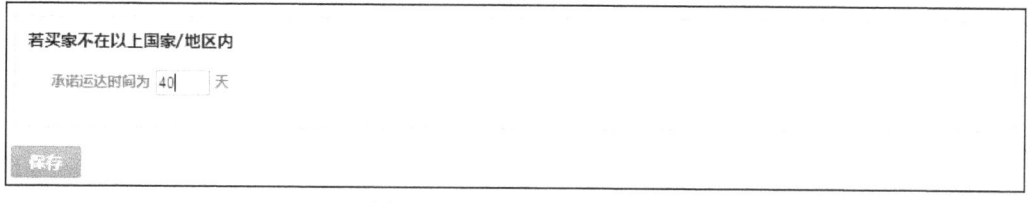

图 8-18 设置承诺运达时间

因国际物流受国家政策、物流资费调整、极端天气、政治原因、邮路状况等多种因素影响,卖家应根据自身实际情况在不同时期设置不同的运费模板。

第三节 国际物流发货流程

速卖通平台的发货流程包括接到订单、打包发货、填写发货通知、完成发货四步,如图 8-19 所示。

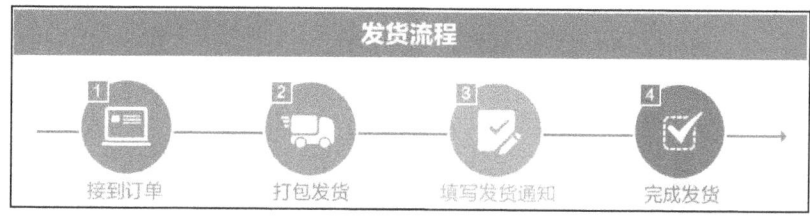

图 8-19 发货流程

其中"打包发货"有线上发货和线下找物流商发货两种方式。

一、线上发货

"线上发货"是由阿里巴巴全球速卖通、菜鸟网络联合多家优质第三方物流商打造的物流服务体系。

卖家使用"线上发货"需要在速卖通后台在线创建物流订单,物流商上门揽收后(或卖家自寄至物流商仓库),卖家可在线支付运费并在线发起物流维权。阿里巴巴作为第三方将全程监督物流商服务质量,保障卖家权益。

1. 线上发货的流程

线上发货的流程如图 8-20 所示,包含在线选择物流商、在线创建物流订单、交货给物流商、在线支付运费四个步骤。

图 8-20　线上发货流程

操作指南

步骤 1:在线选择物流商。

进入速卖通后台,选择"交易"选项,进入订单处理页面,单击"等待您发货"按钮获取所有需要发货的订单信息。找到需要线上发货的订单以后,单击订单右侧的"线上发货"按钮,如图 8-21 所示,进入下一个页面。

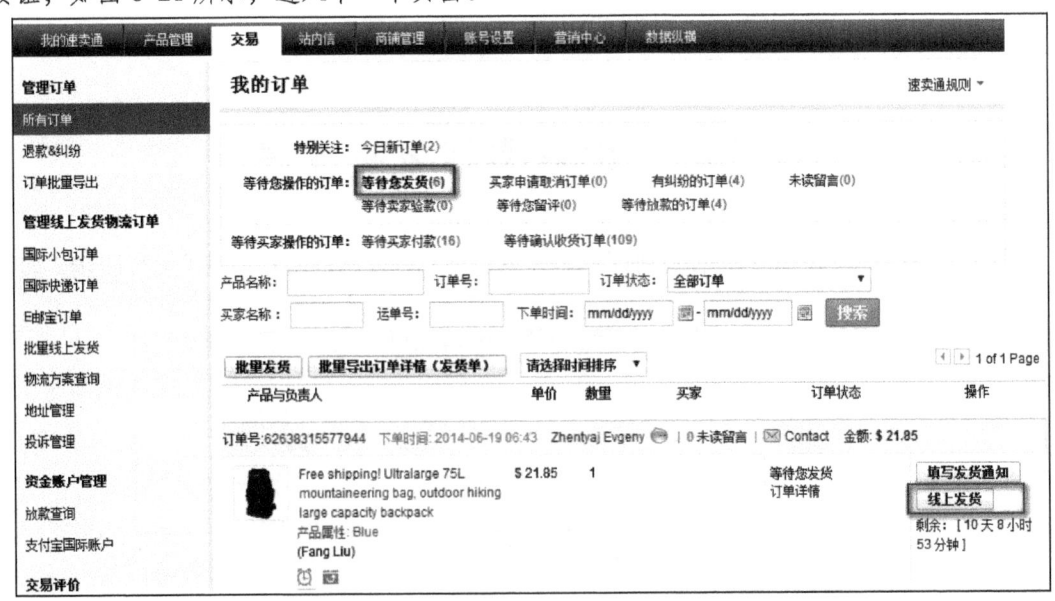

图 8-21　对订单进行线上发货设置

单击"线上发货"按钮后进入如图 8-22 所示的页面,在此页面单击"线上发货"按钮。

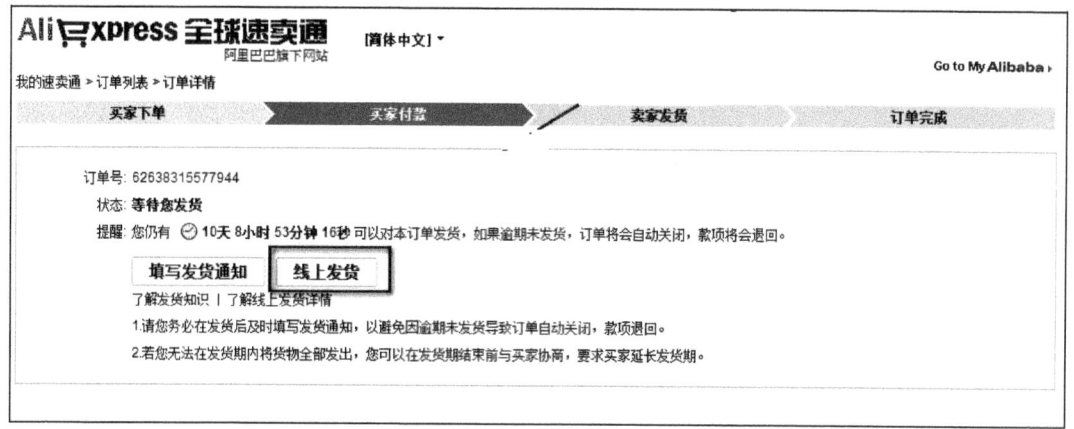

图 8-22　线上发货设置

单击"线上发货"按钮进入物流方案的选择页面,如图 8-23 所示。平台会根据卖家的订单信息列出可选的线上发货物流方案及预估运费,并默认按照运费金额降序排列。卖家根据自身实际情况,综合考虑物流的运输时效、交货地点、物流限制以及运费总额等因素选择合适的物流商。在此页面卖家还可以根据自身情况对发货地址和包裹重量等信息进行修改。

图 8-23　选择物流方案

步骤 2:在线创建物流订单。

在选择好物流商后,页面跳转至创建物流订单页面,如图 8-24 所示。对于符合揽收规则的订单可勾选"申请上门揽收",并填写上门揽收信息。具体的揽收规则可单击"查看详情"按钮查看。不符合揽收规则的订单,卖家需要发货到国内集货仓并填写发货单号。

图 8-24　创建物流订单

物流订单信息填写和确认后，单击页面底端的"确定"按钮提交订单。成功创建的线上发货订单将由物流商分配唯一的物流跟踪单号，卖家根据所创建物流订单的物流商类型可在"管理线上发货物流订单"处查询已创建的物流订单。对于已创建的物流订单，卖家可以进行"打印发货标签"和"填写发货通知"的操作，如图 8-25 所示。平台还提供批量打印发货标签功能。

图 8-25　管理线上发货物流订单

单击"打印发货标签"按钮获取的发货标签属于标准的物流标签，不包含订单信息。卖家也可以使用第三方软件打印含订单信息的物流标签，从而提升发货准确率。打印出来的发货标签需贴在包裹外包装上。

单击"填写发货通知"按钮可填写发货通知，如图 8-26 所示。系统支持批量填写发货通知。

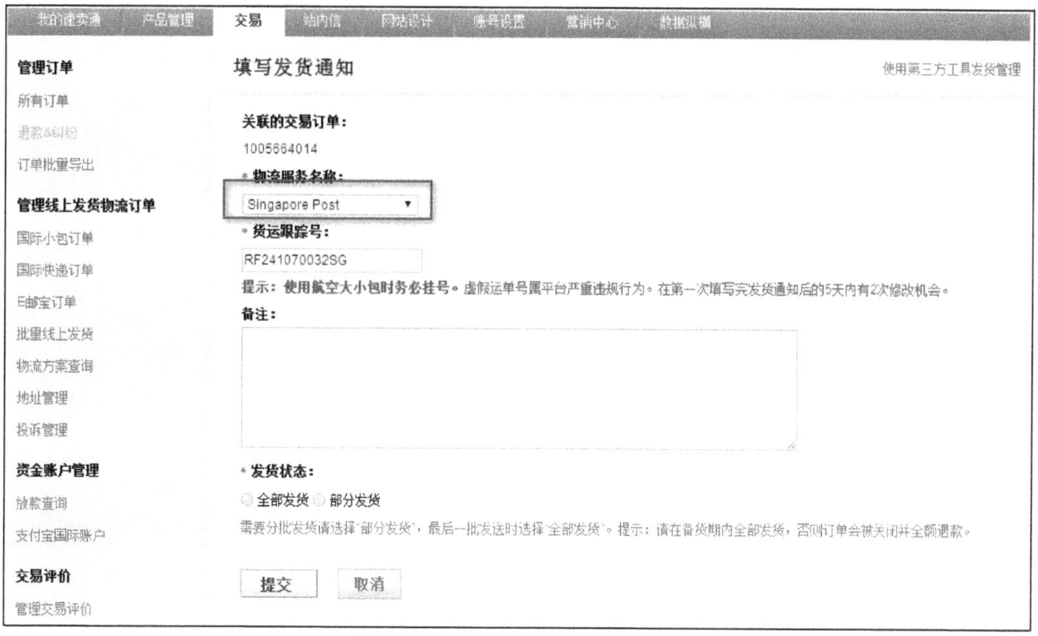

图 8-26 填写发货通知

步骤 3：交货给物流商。

线上的物流订单创建完成后，对于符合物流商揽收规则的包裹，物流商将会在承诺时间内上门揽收；不符合揽收规则的包裹则需要卖家将包裹自行发到集货仓库。

步骤 4：在线支付运费。

物流商收到需寄送的包裹后将直接进行寄递环节，寄递环节结束后，物流订单的状态将更改为"已发送"。对于已发货的订单，卖家需支付运费。平台提供支付宝付款或支付宝国际账户付款两种方式进行单个订单或批量支付，如图 8-27 所示。支付完成后可以统计运费并下载运费报表。

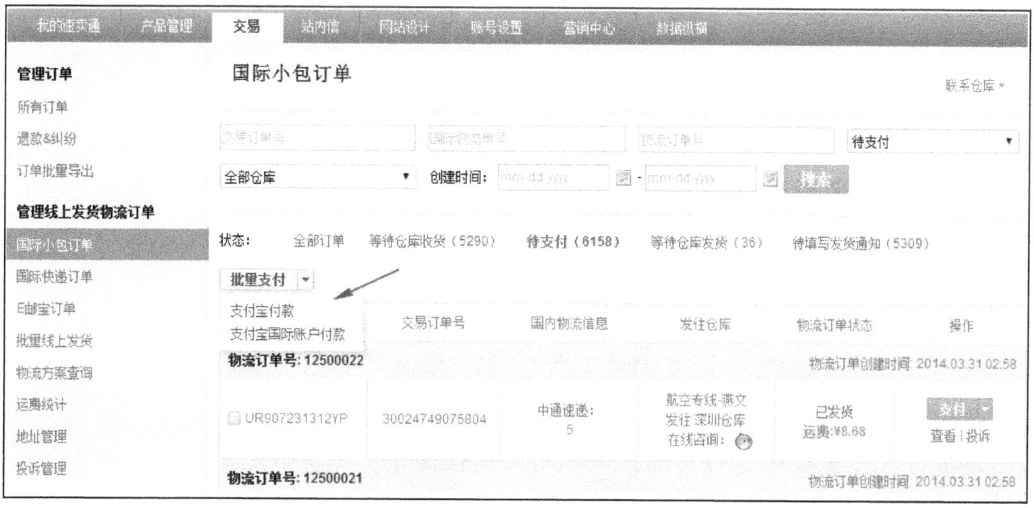

图 8-27 支付运费

线上发货运费支付的规则是:

1) 包裹入库后,第二天23点前,卖家可以主动支付运费。卖家可自由选择通过国内支付宝账户支付人民币或选择支付宝国际账户支付美元。

2) 包裹入库后,如果在第二天23点前,卖家未主动支付,系统将从卖家支付宝国际账户中自动划扣美元(按照当天汇率折算)。

2. 线上发货的优势

1) 平台规则认可。使用线上发货且成功入库的包裹,买卖家双方均可在速卖通后台查看全程物流信息,且平台规则认可。

2) 避免物流低分,提高账号表现。每个月进行卖家服务等级评定时,使用线上发货的订单,因物流原因导致的低分可抹除。

3) 物流问题赔付保障。阿里巴巴作为第三方将全程监督物流商服务,卖家可针对丢包、货物破损、运费争议等物流问题在线发起诉讼,获得赔偿。

4) 可享受速卖通卖家专属合约运费。低于市场价,只发一件也可享受折扣。

5) 在线用支付宝付运费。国际支付宝账户中的结汇美元能付运费,还能下载运费电子账单对账。

6) 渠道稳定。直接和中国邮政等物流商对接,安全可靠。

7) 时效快。平台数据显示,线上发货上网时效、妥投时效高于线下。

8) 物流商承诺运达时间。因物流商原因在承诺时间内未妥投而引起的限时达纠纷赔款,由物流商承担。

二、线下发货

线下发货是指卖家自行在线下找物流商进行发货,其流程如图8-28所示。

图8-28 线下发货流程

相对于线上发货,线下发货需要卖家自己寻找物流商,物流商的服务难以把控、时效无法保证、后续赔付难,且很难获得折扣。对于有实力的卖家,有自己的指定物流服务商的可以选择线下发货方式;对于新手小卖家而言,可选择线上发货方式。

本 章 小 结

本章主要对速卖通平台的物流方式、物流模板设置及物流的发货流程进行了详细的介绍。

本章习题

1. 目前,速卖通平台的国际物流方式主要有哪些?
2. 海外仓集货物流指什么?
3. 简述线上发货的流程及优势。

实训拓展

小东的店铺要发布商品了,可是平台提醒他要先进行运费模板的设置。

实训1:为小东新增一个运费模板。根据店铺的情况,小东想选择中邮小包,且对美国、巴西、俄罗斯、新加坡实现包邮,对乌克兰不发货。

实训2:小东的速卖通店铺终于有了一个订单,订单顾客来自俄罗斯的圣彼得堡,接下来小东要为这个订单安排发货,请您为小东规划一下发货方式和流程。

PART 9 第九章 跨境支付

支付是跨境电商活动中一个重要的环节,支付过程涉及不同国家的利率问题,买家有哪些支付方式,卖家怎么收款,这些都是跨境电商经营中会遇到的问题。

第一节 收款账户设置

国际支付宝(Escrow)目前支持买家用美元、英镑、欧元、墨西哥比索等进行支付,卖家收款则有美元和人民币两种方式。

卖家收到的人民币部分,国际支付宝是按照买家支付当天的汇率(汇率由收单银行确定;汇率是清算日的汇率,非支付日,一般是支付后2个工作日)将美元转换成人民币支付到卖家国内支付宝或银行账户中的。收到美元部分,国际支付宝则是将美元直接打入卖家的美元收款账户。卖家需要注意的是,速卖通普通会员的货款将直接支付到国内支付宝账户,只有设置了美元收款账户才能直接收取美元。

操作指南

环节一:收款账户的创建

步骤1:进入速卖通后台,选择"交易"选项,在左侧菜单中,打开"资金账户管理"下的"支付宝国际账户"页面,如图9-1所示。

步骤2:进入支付宝国际账户管理页面,可以通过"提现账户管理"设置、管理人民币提现账户,如图9-2所示。

步骤3:登录"支付宝账户界面",如图9-3所示,依次填写"支付宝账户名"和"登录密码"等必填项,填写完毕后单击"登录"按钮。登录成功后,即完成收款账户的绑定,也可以对收款账户进行编辑。

步骤4:如果没有支付宝账户,可以单击"创建"按钮,填写相应信息,完成支付宝注册。输入注册信息时,请按照页面中的要求如实填写,否则会导致你的支付宝账户无法正常使用。单击"填写全部"按钮可以补全信息。

建议使用实名认证的支付宝账户作为收款账户,以避免非实名认证账户提现额度的限制。

步骤5：注册和激活支付宝。可以使用 E-mail 地址或者手机号码来注册支付宝账户，本书第二章已经详细介绍过。

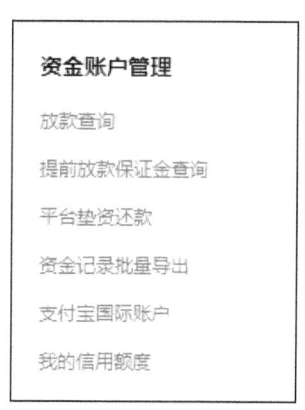

图 9-1　资金账户管理

图 9-2　提现账户设置

图 9-3　支付宝账户登录界面

环节二：设置速卖通收款账户

1. 人民币收款账户设置

步骤1：进入速卖通后台，选择"交易"选项，在左侧菜单中，打开"资金账户管理"页面下的"支付宝国际账户"标签，选择"人民币提现账户设置"，如图9-4所示，单击"设置"按钮，打开"提现账户"的窗口，如图9-5所示。

步骤2：单击"添加国内支付宝账户"按钮，打开"添加国内支付宝账户"提示框，如图9-6所示。单击"确认"按钮，则会跳转到"支付宝的登录界面"，如图9-7所示。

步骤3：如果还没有支付宝账户，可以单击"创建支付宝账户"；也可以使用已经有的支付宝，单击"登录支付宝账户"进行绑定。

步骤4：创建或者登录成功支付宝账户后，即完成收款账户的绑定。

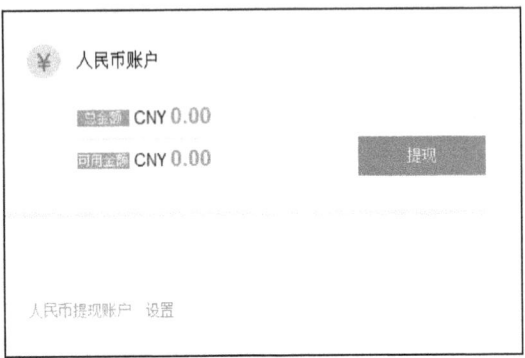

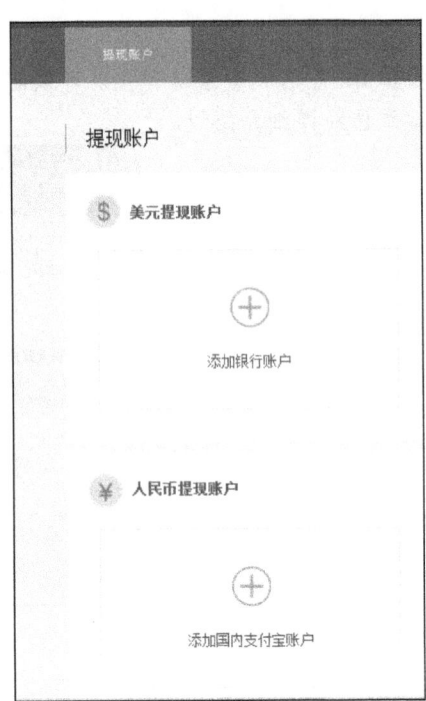

图 9-4 人民币提现账户设置 　　　　　图 9-5 提现账户

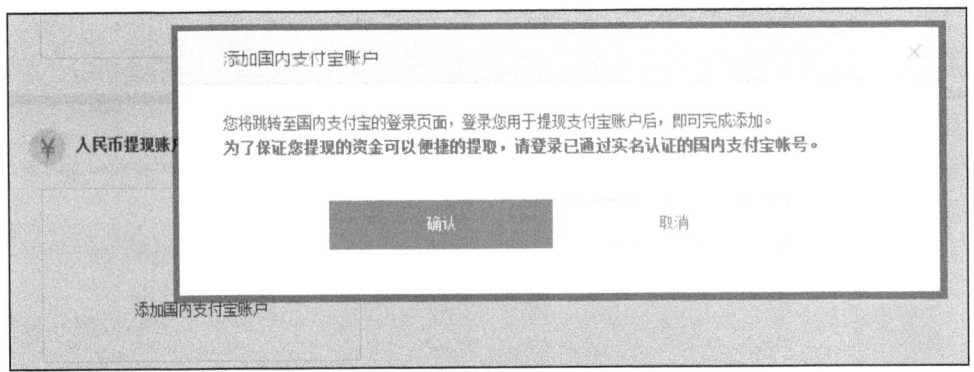

图 9-6 添加国内支付宝账户

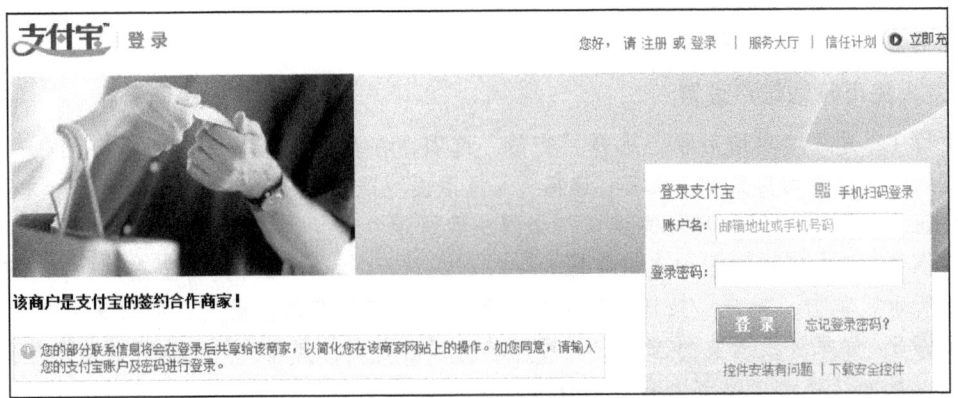

图 9-7 支付宝的登录界面

经验分享

（1）我是否能够删除支付宝收款账户？

不能，设置支付宝账户是为了收到订单款项，如果没有支付宝账户，则无法收到订单款项，所以收款账户一旦设置，不能够删除。

（2）一个支付宝账户是否可以给多个卖家账号绑定？

可以，目前没有限制。但绑定自己的支付宝账号，才能更便于管理。

2. 美元收款账户设置

步骤1：进入速卖通后台，单击"交易"按钮，在左侧菜单中，打开"资金账户管理"下的"支付宝国际账户"标签，进入"国际支付宝"页面，在提现账户管理功能菜单中进行美元提现账户的设置，如图9-8所示。

步骤2：选择"美元提现账户"设置，即可打开"添加银行账户（美元提现）窗口。可以选择"公司账户"和"个人账户"两种账户类型，如图9-9所示。

注意：不要使用中文填写信息，否则将引起放款失败，从而产生重复放款，损失手续费。创建的个人账户必须能接收海外银行对个人的美元的汇款。收汇没有限制，个人账户年提款总额可以超过5万美元。结汇需符合外汇管制条例，每人5万美元结汇限额。

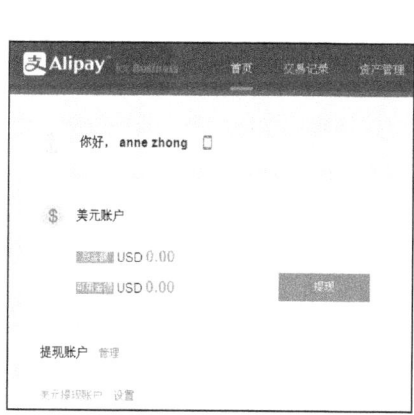

图9-8 美元账户设置

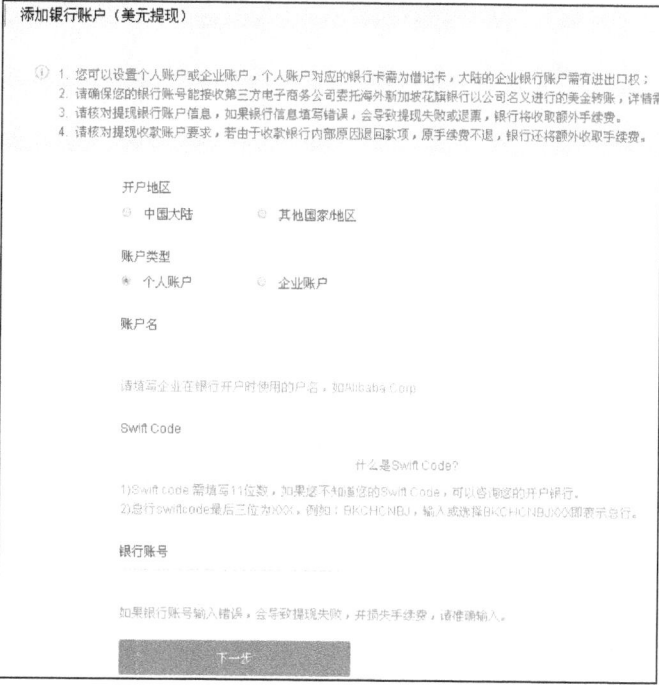

图9-9 添加银行账户1

步骤3：选择账户后，依次填写"账户名""开户行""银行账号"等必填项。填写完毕后，单击"下一步"按钮，则会出现信息核对窗口，如图9-10所示。

步骤4：如确认无误，单击"确认添加"按钮，即完成美元提现的设置，如图9-11所示。

图 9-10 添加银行账户 2

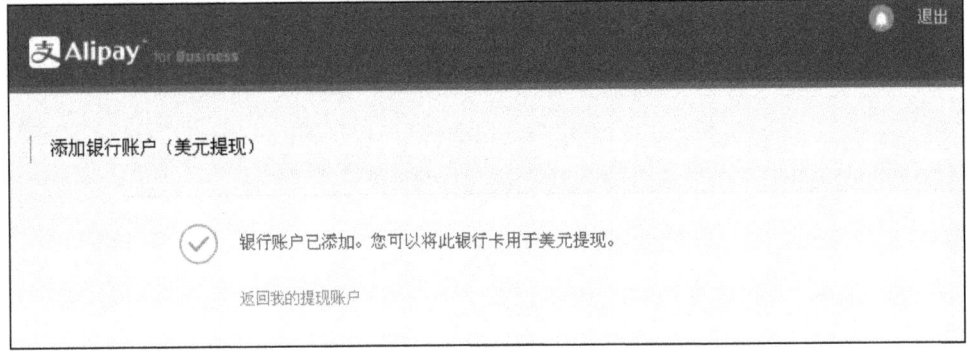

图 9-11 添加银行账户 3

 经验分享

(1) 哪些卡可以接收美元？我没有接收美元的外币账户，怎么办？普通银行卡可以接收外币吗？

国内的银行都有外币业务，可以接收外币，但是需要本人带上有效身份证件去银行开通个人外币收款功能。如果你的银行卡本身就是双币卡（人民币和美元），那么就可以直接接收。

(2) 我创建的美元账户有误，想修改，可以吗？

不可以。你可以删除后重新创建一个新的美元收款账户。

(3) 我只设置了美元收款账户，没有设置人民币收款账户，能否做交易？

不可以。

(4) 我设置了美元个人收款账户，收款超过 5 万美元的限制了怎么办？

有两种解决方案：如果一次已经超过 5 万美元，则可以分年结汇，还可以在金额未超过 5 万美元时提现一次，下次收款时更改一个收款账户，分开提现。

(5) 我设置了美元收款账户，提现要手续费吗？

美元提现手续费按提取次数计算，每笔提款手续费固定为 15 美元，已包含所有中转银行手续费。建议卖家减少提款次数，当可提资金累积到一定金额时再进行提现操作。

第二节　速卖通平台收费标准

全球速卖通卖家需根据不同经营大类及下辖类目的要求，缴纳技术服务年费（下称"年费"）。各经营大类对应的年费标准有所不同。

一、年费标准

在速卖通发布的新准入制度中，速卖通把各行业划分为八大经营范围。每个经营范围分设不同经营大类。每个速卖通店铺只可以选取一个经营范围进行经营，并可在该经营范围下跨经营大类经营。只要产品类目在同一经营范围内，店铺卖家可以发布多个类目的产品。

当速卖通卖家申请入驻经营大类时，卖家需按不同的经营大类分别缴纳年费，同一经营大类下，年费只缴纳一份，如图 9-12 所示。值得注意的是，"共享类（Special Category）"产品并不单独实施招商准入，直邮卖家获准加入任一经营大类的，即可获得"共享类"商品发布权限。

二、年费返还

卖家缴纳年费后，只有经营到年底的卖家才有机会获取年费返还，速卖通将在年底根据卖家的年销售额及持续经营时间来返还部分或全部年费，如图 9-12 所示。比如手机整机类目的年费是 30 000 元，若要获取 50%年费返还，卖家的年销售额要达 45 000 美元；而要获取 100%年费返还，销售额则需达 90 000 美元。

实际经营未满一年或中途退出经营的且不存在任何违约及违规情况的卖家将根据实际入驻期间（按月计算）来重新计算应缴年费，并退还未提供服务期间的年费。

除此之外，速卖通还设立了新的考核规则，在各经营大类下二级或三级类目分别设定"服务指标"，包括"类目 30 天货不对版纠纷率"及"类目 30 天 DSR 商品描述平均分"来进行考核。若考核不达标，则关闭相应类目的经营权限。

对于招商准入制度，速卖通方面称，在过去两年里，速卖通平台上部分行业类目实行了招商准入，已收到不错的效果，启动全平台招商准入制度是为了进一步提升速卖通平台各类目的诚信经营及公平竞争氛围。

其实，速卖通从 2015 年开始就陆续对重点类目设立招商门槛，征收入驻年费，而且入驻年费还有不断提高的趋势。当然，除了对类目收取年费外，速卖通也在 2015 年 11 月宣布对品牌手机设立门槛，今后速卖通享有小米、联想、魅族以及其他国际品牌销售权限的卖家需要额外缴纳技术服务年费人民币 10 万元。

单店经营范围	18个经营大类	类目	类目范围		技术服务费年费（元）	返50%年费对应年销售额（美金）	返100%年费对应年销售额（美金）	类目经营过程考核指标
A	服装配饰&珠宝饰品	Apparel & Accessories Jewelry			10000	30000	60000	
	手表	Watch			10000	30000	60000	
	鞋包	Luggage & Bags Shoes			5000	24000	48000	
	美容	Beauty & Health	其他（剔除特殊类目）	其他	5000	24000	48000	
			Sex Products（特殊类目）	情趣	10000	30000	60000	
	美发	Hair & Accessories	其他（剔除特殊类目）	其他	5000	18000	36000	
			Certified Human Hair（特殊类目）	真人发	50000	60000	120000	
	孕婴童	Mother & Kids			3000	12000	24000	
	玩具	Toys & Hobbies			5000	12000	24000	
B	婚纱	Weddings & Events			10000	30000	60000	
C	汽摩配	Automobiles & Motorcycles			5000	36000	72000	
D	电脑&办公	Computer & Office	其他（剔除特殊类目）	其他	5000	18000	36000	
			laptop（特殊类目）	电脑	20000	18000	36000	
			Tablets（特殊类目）	平板	20000	60000	120000	
			Memory Card（特殊类目）	存储卡	10000	18000	36000	
			External Hard Drives（特殊类目）	外置机械移动硬盘	5000	18000	36000	
			USB Flash Drives（特殊类目）	U盘	10000	18000	36000	
	消费电子	Consumer Electronics	其他（剔除特殊类目）	其他	5000	18000	36000	
			Electronic Cigarettes（特殊类目）	电子烟	30000	60000	120000	点击下载
			Sports & Action Video Cameras（特殊类目）	运动相机	10000	12000	24000	
	手机&通讯	Phones & Telecommunications	其他（剔除特殊类目）	其他	5000	18000	36000	
			Mobile Phones（特殊类目）	手机整机	30000	45000	90000	
			Mobile Phones Accessories&Parts（特殊类目）	手机配件	5000	18000	36000	
	安防	Security & Protection			5000	18000	36000	
E	运动&休闲	Sports & Entertainment	其他（剔除特殊类目）	其他	5000	18000	36000	
			Sneakers（特殊类目）	运动鞋	10000	24000	48000	
			Cycling（特殊类目）	骑行	10000	24000	48000	
F	家居生活&家装	Furniture / Home & Garden / Food / Hardware / Tools / Construction & Real Estate	其他（剔除特殊类目）	其他	5000	30000	60000	
		Lights & Lighting	其他（剔除特殊类目）	其他				
			Downlight + Spotlight（特殊类目）	筒灯+射灯（含支架、非灯泡类）	10000	30000	60000	
			LED Lighting+Lighting Bulbs & Tubes（特殊类目）	LED照明和灯泡、灯管	10000	60000	120000	
G	家电	Home Appliances			5000	30000	60000	
H	其他	Customized Products / Electrical Equipment & Supplies / Electronic Components & Supplies / Industry & Business / Office & School Supplies / Travel and Vacations			5000	12000	24000	
I	共享类	Special Category						

图 9-12 速卖通平台年费标准及返还

速卖通现在要净化平台市场环境,采取"严入准出"政策:对于要加入速卖通平台的卖家,采取严格的认证,并设置更多的行业准入规则,提高进入速卖通平台的门槛。此外,速卖通将对新卖家发布的商品数、可发布的类目设限,以防止部分新卖家用"价格战"与一些优质的大卖家进行恶性竞争。

第三节 卖家提现

提现采用余额提现方式,分为美元提现与人民币提现。美元提现将提款到卖家的美元银行账户中,人民币提现将提款到卖家的支付宝国内账户中。

操作指南

步骤1:查看"我的账户"信息,可以看到可提现的人民币金额和美元金额,以及美元账户总金额和人民币账户总金额。

步骤2:单击人民币或美元账户后对应的"我要提现"按钮。

步骤3:输入要提现金额,单击"下一步"按钮,进入提现信息确认页面。美元提现,如图9-13示。人民币提现,如图9-14所示。

步骤4:确认提现信息后,输入支付密码,单击"确认"按钮后,系统会进行手机验证。输入正确的验证码后确认提交,即可成功提现,如图9-15所示。

图9-13 美元提现

图 9-14　人民币提现

图 9-15　成功提现

经验分享

美元提现金额至少需 16 美元,人民币提现金额至少需 0.01 元;人民币提现无需手续费,美元提现每次收取 15 美元的手续费。

本 章 小 结

速卖通账户的设置和管理是卖家店铺管理的重要组成部分。本章采用实际操作的方法介绍了速卖通卖家对收款账户的创建、设置、速卖通平台收费标准和提现等,并通过一些经验分享让读者迅速掌握账户管理的关键所在。

本 章 习 题

1. 国际支付宝有哪些收款方式?
2. 如何设置美元收款?

实 训 拓 展

请为自己的速卖通店铺设置收款账户。

第十章 视觉营销

众所周知,在实体店,消费者主要通过看、尝、摸、闻、听五官去感知实物,而在网上买东西,买家只能通过眼睛去看卖家制作的页面信息来了解店铺、了解商品。在这个过程中,买家开始产生了各种感知,如喜欢、信任、厌恶、反感、迟疑等。之所以会产生这些感觉,是因为店家的页面信息和页面设计效果引起了买家的共鸣,这些引发的感觉将最终影响买家的购买决定。

第一节 视觉营销概述

一、视觉营销的定义

视觉营销是利用色彩、图像、文字等造成视觉冲击力,从而吸引消费者的关注,由此增加店铺和产品的关注度,达到营销制胜的效果。视觉营销是为达成营销目标而存在的,是将展示技术和视觉呈现技术与对商品营销的彻底认识相结合,与销售部门共同努力将商品提供给市场,加以展示贩卖的方法。商家通过其标志、色彩、图片、广告、店堂、橱窗、陈列等一系列的视觉展现,向顾客传达产品信息、服务理念和品牌文化,达到促进商品销售、树立品牌形象的目的。

法国人有一句经商谚语:即使是水果蔬菜,也要像一幅静物写生画那样艺术地排列,因为商品的美感能撩起顾客的购买欲望,这就是视觉营销的魅力。视觉营销是做好营销必不可少的营销手段之一。

案例思考

这是视觉营销的一个著名案例,针对一张婴儿纸尿裤的平面广告进行视线热点分析。

如图 10-1 所示:这是一张正面的婴儿照片,靠右是一些产品的卖点和文字描述。通过对人们视线轨迹的研究发现,人们往往更加关注婴儿的正面,而把产品卖点(大标题)放在最后浏览。也就是说这个广告的卖点并没有受到关注。

经过简单的修改，将婴儿转身，让他看着大标题。这时，买家会顺着婴儿的视线，将目光转移到右边的标题上，让广告卖点得到关注，如图 10-2 所示。

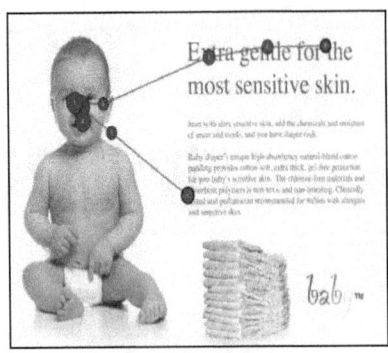
图 10-1　原图

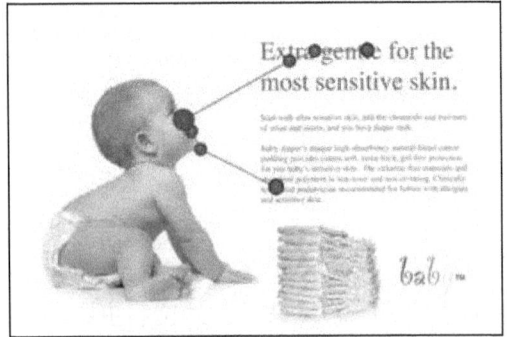
图 10-2　修改后

二、做好视觉营销的方法

1．明确目的

视觉营销是为了塑造良好的店铺形象，完整地向买家传递店铺信息和品牌形象，让潜在顾客了解店铺，吸引买家购买。

2．提高审美眼光

熟悉买家的网页浏览习惯，避免审美疲劳。依据买家的审美规律，摸透他们对色彩的审美心理，在产品图片展示和店铺整体设计上形成统一鲜明的风格。切忌东拼西凑，装修风格与产品定位不一致。

3．把握图片三要素

无论多么优秀的网店，在视觉设计上的图片往往都由非常简单的三要素组成。当你掌握了这三个要素，就如同掌握了一扇门的钥匙。它们就是：文字、图片、产品。

（1）文字

简短精辟，要富有吸引力，符合所卖产品适用人群年龄段的需求。内容可以包括品牌故事、产品的相关背景、规格和功能、使用特点和价格说明，用尽可能简短的文字描述产品的详细情况。卖家还可以写一些"郑重说明""购买说明"之类的交易说明，特别是常见的买卖问题、汇款问题。

（2）图片

必须看起来精致美观，能够抓住人们的眼球。

（3）产品

尽量展示产品最好的一面，使人产生进一步购买的冲动。选择正确的商品分类对卖家也很重要。买家购买物品时，一般会根据物品分类来寻找、搜索物品，物品分类是其选购商品的一个主要途径。

速卖通交易的整个过程没有实物，没有营业员，整个推销过程是非常静态的，没有交流，没有互动，国外买家基本上都是依靠视觉来决定是否购买的。因此，精美的设计对网店的发展至关重要。

三、视觉营销的重要性

作为卖家一定要知道的公式：销售额=流量×转化率×客单价。

1．提高流量

好的视觉广告图能吸引用户的眼球，这一点从直通车、钻点数以及站内外推广的单击数据上就能明显地看出。

2．提高转化率

好的产品描述详情页能吸引用户仔细看，直至心动购买，这一点也是毋庸置疑的。

3．提高客单价

好的视觉营销店铺路径、适当的店内广告位置以及描述页必要的关联营销等，都将为提高客单价创造机会。

下面从实际数据上看一下视觉营销对速卖通店铺的影响。

首先，来看看商铺流量来源中的"站内其他"情况，如图10-3所示。

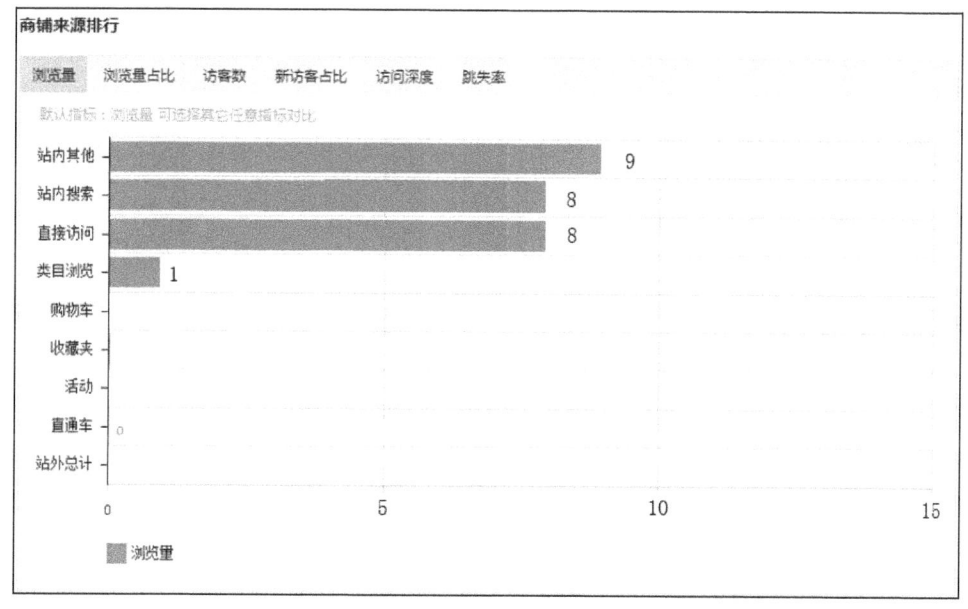

图10-3　商铺流量

"站内其他"往往是浏览量最大、访问深度最深、跳失率却最低的。那么，这么重要的一部分，到底跟店铺中的什么有关系呢？研究表明，店铺装修带来的关联营销起到了很大的作用，如图10-4所示。

再看下面一家新店铺的实际情况。在店铺刚刚开始运营的阶段，许多卖家都有无从下手的感觉。试着开直通车，流量是提高了，但是却没有转化成订单；停掉直通车，那么流量都没有了。在店铺开通的前几个月，该商家做了大量工作，上传产品，优化信息，虽然店铺流量有小幅提升，但实际效果却并不尽如人意，如图10-5所示。

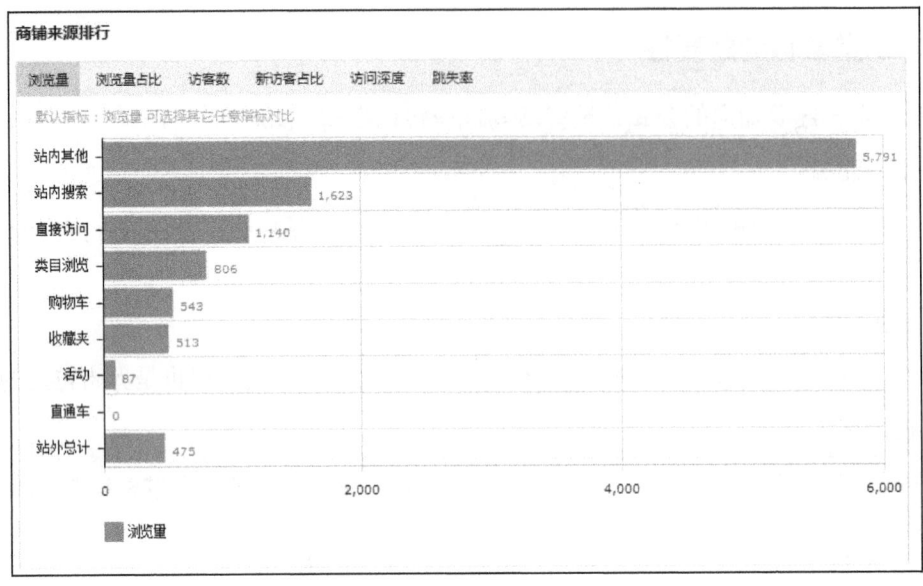

图 10-4　商铺流量

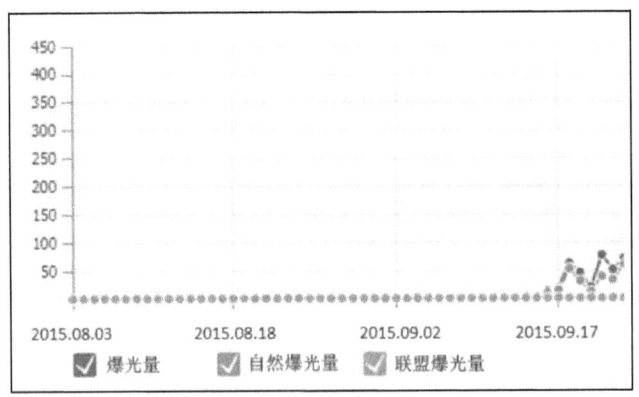

图 10-5　店铺流量

在经过多方面的分析后，卖家注意到之前从未关注过的视觉优化。从店铺首页到产品详情页，全部进行了细致、谨慎的优化。当店铺按照分析的结果进行了装修和产品详情优化之后，再次配合平台营销策略，整体数据有了出人意料的变化，如图 10-6 所示。

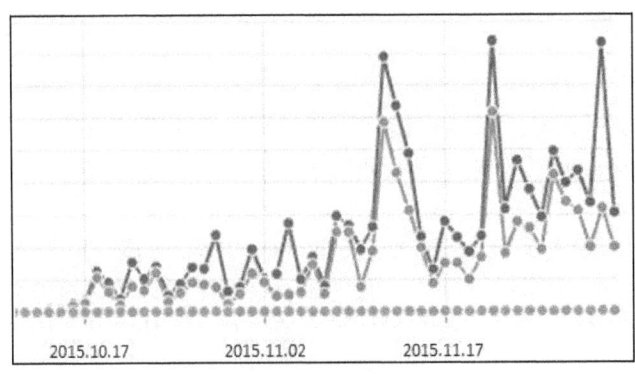

图 10-6　店铺流量

从上述案例中可以看到，视觉营销与平台以及每个人的店铺都是息息相关的。因此，卖家应重视并做好视觉营销，让店铺呈现一种全面且后劲十足的状态。

第二节 文案策划

一、文案策划的定义

在广告学中，严格地说文案与策划应当是两个相互联系但迥然不同的专业分工，只是受制于我国广告行业普遍的公司小型化现状，所以才产生了这种"复合型专业人才"。

文案侧重的是编辑、撰写广告文字内容或影视媒体中的对话、旁白，具体产品是：广告语、大标题、内文等，是写给消费者（最终广告受众）看的东西。而策划侧重的是考虑怎样做广告，比如广告媒体形式、受众人群分析、宣传重点、营销策略。此外，策划可能还要考虑画面、文案的表现方向等。也就是说，策划的东西是给广告公司和客户看的。

策划是文案的上游环节，是统摄全篇的纲领，而文案则是画龙点睛的章节。策划是广告系统中的根基与框架，文案则是广告中的一个环节。策划可以涉及前期市场调查、分析、提炼等一系列庞杂繁复的工序，并决定了后续平面、文案的创作方向。

案例思考

以下两个海报文案，如果你是买家，你更容易被哪个吸引？
如图10-7所示，用图片表现自己的主营行业，文字仅是欢迎买家来到店铺。

图10-7 海报文案1

如图10-8所示，同样是用图片表明自己的主营行业，但是文字上就做了很多文章。

图10-8 海报文案2

海报文案2的亮点有：

1）3 Days Only，突出时间的紧迫性，刺激买家的关注度和购买欲望。
2）Free shipping，买家对免运费商品的关注程度一直都比较高，进一步提高买家兴趣。
3）Up to 35% off，用明确的折扣增加对买家的刺激，增加其购买欲。
4）Shop now，提示买家立刻行动，给出买家行动点，引导买家单击Banner到达卖家设置的链接页面。例如：链接到一个名为"Promotion"的产品分组中。

二、文案策划在速卖通店铺的应用

如果说页面的排版布局是店铺的骨架,那么文案与图片就是肌肉。在网店中,文案与图片可以说是"视觉营销"最基础的元素,店铺的风格由其来体现。骨架再好,没有肌肉的填充,也难以展现一个完美的形象。文案与图片设计的好坏,直接关系到商品转化率的问题,因此需要高度重视。

下面介绍在速卖通旺铺装修中需要准备的文案。

1. 店铺名称策划

店名一定要易读易记,还能暗示经营产品某种性能和用途,店名也要有一定的寓意,让消费者能从中得到愉快的联想,而不是消极的联想,增加店名的内涵,加深消费者印象。

2. 店招文案策划

一个成功的店招要体现:做什么?卖什么?什么活动?哪些优惠?哪些优势?这些都是店铺的卖点。

受店招尺寸的影响,店招文案需要极为精练,公司(团队)名称、Logo、公司(团队)运营理念、产品等,都可以放在店招文案中,如图10-9所示。

图 10-9 店招 1

除此之外,店招还可以使用店铺促销信息的文案、参加平台活动的文案,以及店铺内一些特殊优势介绍的文案等,如图10-10所示。

图 10-10 店招 2

店招也可以放一些闪烁的简单动画。动画在平台中的作用是吸引注意,突出卖家想要表达的优势和信息。

3. 海报文案策划

网店的海报图片设计是需要有一定的创意和艺术创作能力的,这样才能获得更高的点击量,提升店铺的流量。同时可以放一张有关公司文化的设计图片,展示店铺的软实力,增加买家信任度。所以,卖家一定要认真对待网店海报设计和图片素材的处理,要符合一定的设计原则。

(1)突出主题

海报图片要有一个明确的主题。没有明确主题和概念的设计,只是个空壳。

店铺可以根据自己的目的确定主题。无论是推新品、清库存、推活动、打品牌、打爆款,主题都一定要鲜明。

一张标准海报,一般包含一个主标题和一个副标题,如图10-11所示。

图 10-11　海报 1

（2）文字处理

字体：最多使用三种字体，并且字体颜色不宜太多；文字和图片相结合，让人动心的折扣优惠等信息是高点击量的关键；产品自身的信息也很重要。

（3）配色

主色调在三种以内。以其中一个主色作为主宰色调的核心；文案、背景可以挑选某一主色来延伸。

（4）排版布局

画面要给人留下适合的空间，做到简约而不简单；整个创意文字加图片内容部分不超过2/3，如图 10-12 所示。

图 10-12　海报 2

4．自定义板块设计文案

在这里可以按店铺运营及设计的风格打造文案，相对比较自由。卖家可以根据设计，添加不同风格的文案，既可以添加海报式文案，也可以为单个产品加入促销式文案来搭配，如"51%off""Best selling"等，如图 10-13 所示。

图 10-13　海报 3

在旺铺装修中，好的文案能起到画龙点睛的作用，是打造店铺设计必不可少的一部分。因此，卖家必须重视，让设计与文案相得益彰，获得更好的效益。

第三节 旺铺装修

速卖通旺铺装修的操作主要是首页的基础模块装修设计。首页设计对于任何一个平台来说都比较重要，速卖通平台也不例外。目前，速卖通平台已经为卖家开放了多个板块的设计，其中有店招板块、图片轮播板块、商品推荐板块、自定义内容区等部分。本节主要介绍速卖通店铺装修中的样式编辑方法。

操作指南

步骤1：进入速卖通后台，选择"店铺"选项，单击"进入装修"按钮，进入后台装修页面，如图10-14所示。

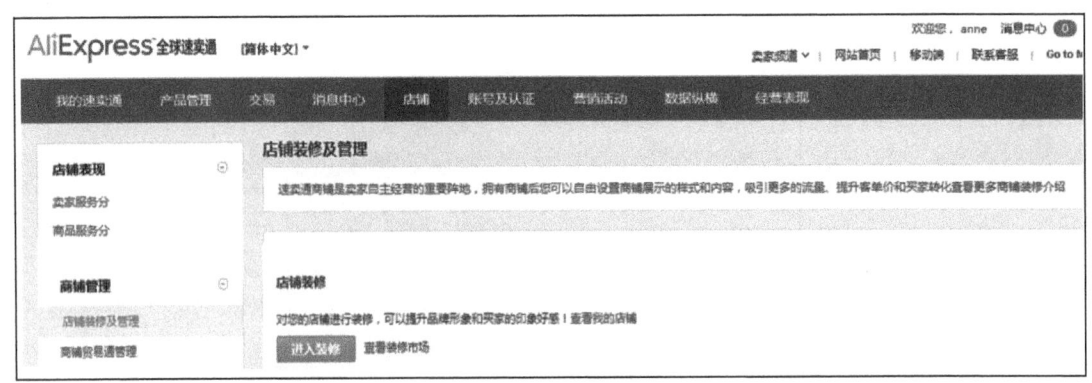

图10-14 进入后台界面

步骤2：进入装修页面，单击页面左上角的"装修"按钮，如图10-15所示。选择"页面编辑"选项，即可打开"旺铺装修平台主区域"模板，如图10-16所示。

步骤3：在"平台主区域装修页面"中，卖家可以看到最上面的就是店招。用鼠标点选店招板块，右上角就会出现"编辑"按钮，单击"编辑"按钮可以看到关于店招板块的规格参数，如图10-17所示。

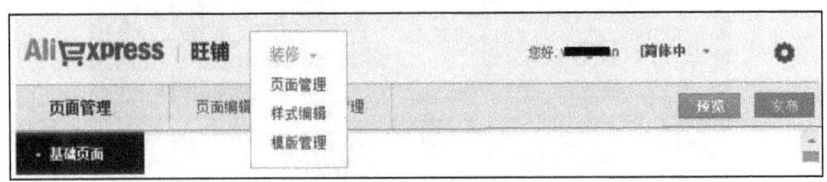

图10-15 装修后台

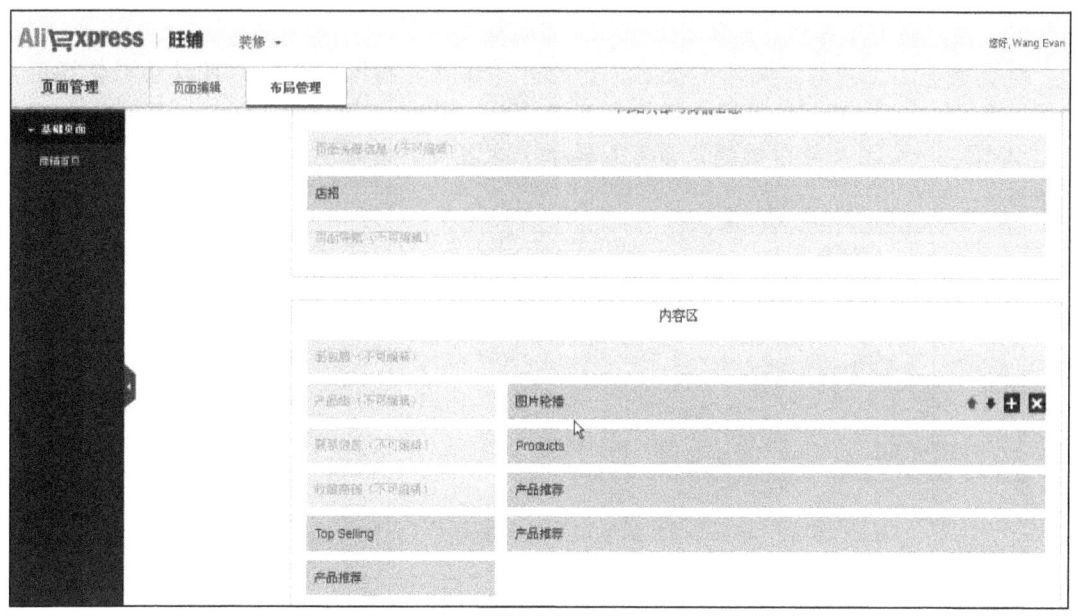

图 10-16　平台主区域

图 10-17　店招板块

从整体角度来考虑，推荐卖家设置 150px 的高度，相对于 100px，前者会显得店铺较为大气，100px 的高度会显得有些局促。

从内容方面看，卖家可以在上面标注店铺名称、公司名称和产品信息等内容，如图 10-18 所示。

图 10-18　店招 3

步骤 4：图片轮播板块位于平台主区域内，是一个非常重要的产品展示板块，它将多张广告图以滚动轮播的方式进行动态展示，可以更直观、更生动地表达商品的特点。同时轮播图片也是美工在装修网店的时候重点做的图片，在首页主区内可以重复添加最多六个图片轮播板块，位置可上下调动，方便与其他板块互相搭配。

单击模块右上角的"编辑"按钮，会打开"图片轮播"对话框，可以看到轮播图片的规格参数，如图 10-19 所示。模块高度在 100～600px，宽度为 960px，图片大小不能超过 2MB。一个图片轮播板块最多可以添加五张图片，每张图片可以添加一个相应的产品链接。

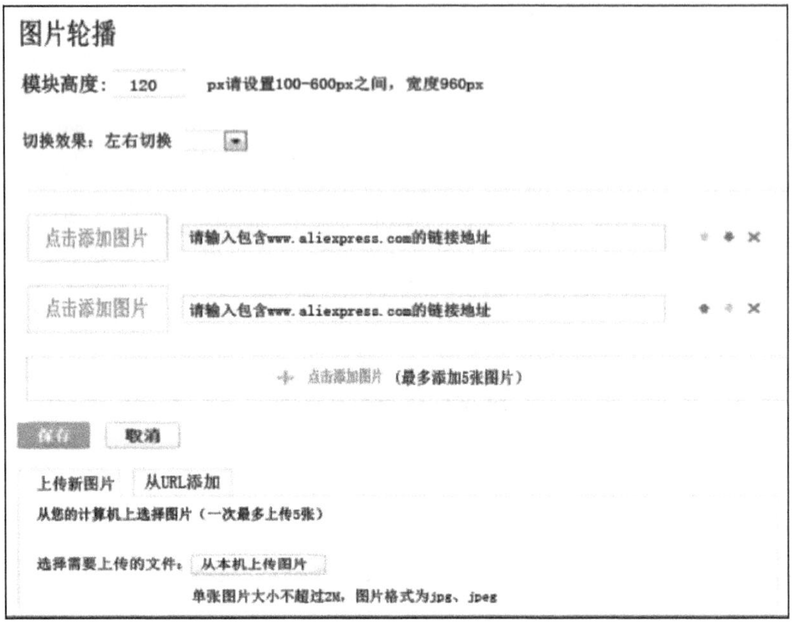

图 10-19 图片轮播

在同一个图片轮播板块里图片大小一定要统一，而在不同图片轮播板块中，卖家可以灵活设置图片的高度。例如：上面的图片尺寸是 960px×400px，那么在这个轮播板块中其他四张海报图片也应当做成同样的大小。在首页下面，卖家还可以添加另外的图片轮播板块，就可以用五张尺寸为 960px×150px 的图片，这样排列会使页面更具灵活性，也能更好地展示卖家不同的产品，图 10-20 所示是两张宽度为 960px、高度为 400px 的图片。

图 10-20 图片轮播图

步骤 5：单击"产品推荐"板块右上角的"编辑"按钮，会打开"产品推荐"页面，卖家可以看到相应的参数，如图 10-21 所示。

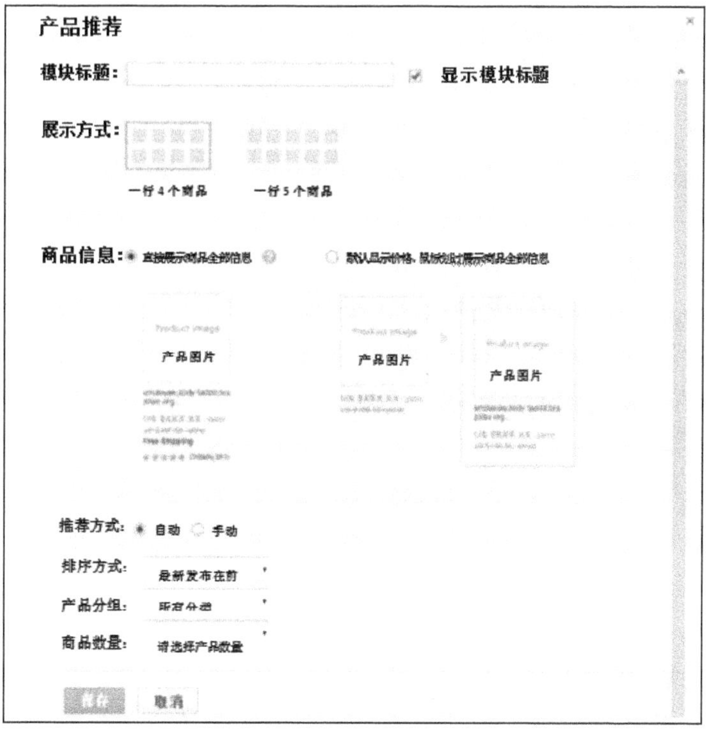

图 10-21　产品推荐板块

产品推荐板块会直接使用商品首图，因此被选择商品的首图一定要整洁，尽量和店铺装修风格统一，不要破坏店铺的整体性。产品推荐模块可以选择一行四个或者一行五个的排列方式，如图 10-22、图 10-23 所示。

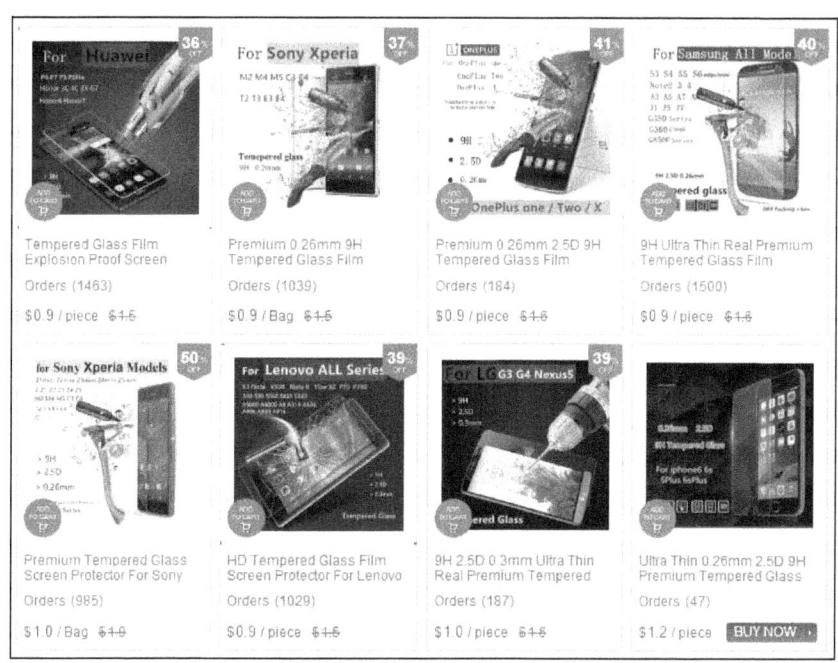

图 10-22　商品推荐 1

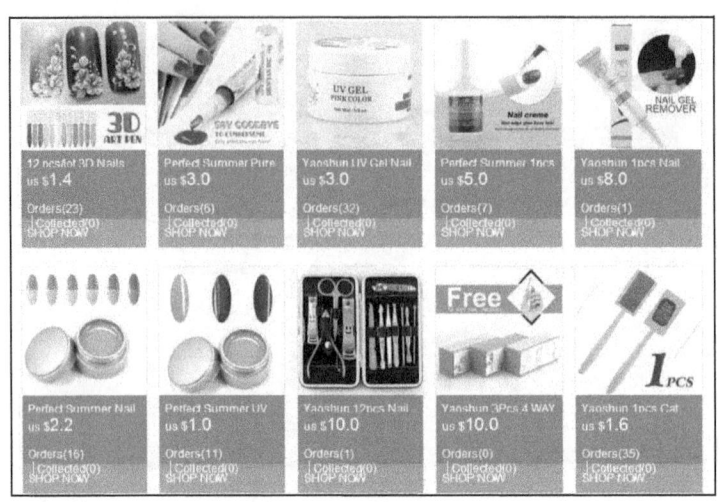

图 10-23 商品推荐 2

"商品信息":卖家可以选择全部信息展示,或者选择鼠标划过效果展示。

"推荐方式":可以选择自动或手动方式。

全部信息设置好后,单击"保存"按钮。

步骤 6:单击左侧边栏上的"添加模块"按钮,添加产品推荐模块。

侧边栏的产品推荐模块,只能纵向排列,推荐方式的设置和主区的设置是相同的,如图 10-24 所示。

图 10-24 侧边栏产品推荐设置

设置好对应参数,单击"保存"按钮发布就可以了,展示效果如图 10-25 所示。

图 10-25　侧边栏产品推荐展示

各个模块设置好后,单击"保存"按钮,如图 10-26 所示,直接发布就可以了。

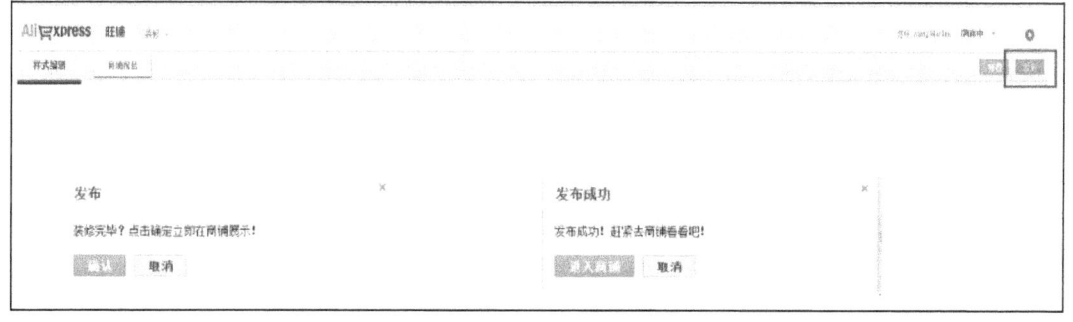

图 10-26　店铺发布

本 章 小 结

视觉营销主要是利用色彩、图像、文字等吸引消费者的关注,增加网站和产品的吸引力,达到营销的目的。本章主要介绍了视觉营销和文案策划的定义及在实际应用中对速卖通平台的重要性,同时对速卖通平台店铺装修做了详细的介绍。

本章习题

1. 视觉营销的概念?
2. 文案策划在速卖通平台有哪些应用?

实训拓展

1. 为自己的店铺设计店标。
2. 为自己的店铺设计店招。
3. 设计一张促销海报图。

PART 11 第十一章 店铺营销

新店铺如何快速发展起来？是流量吗？流量从哪里来？如何获得大量的流量？如何让更多的买家知道我们的产品和店铺？如何提高曝光量和浏览量？这些都是卖家需要关注的主题。卖家必须掌握最基本的推广引流方法，千方百计地扩大流量入口，新增流量来源，努力使自己的店铺不断发展。

第一节 新店引流

一、占领站内搜索引擎入口

目前速卖通平台上有几千万款产品，与淘宝买家一样，海外消费者主要通过站内搜索引擎来找到其感兴趣的产品，因此如何占领速卖通站内搜索引擎，使得买家在输入关键词时能够尽可能访问到卖家的产品并得到充分曝光，简单来说就是尽可能多地占领搜索引擎入口，这是新手卖家获取流量的一个主要方式。

1. 做好产品优化工作

（1）店铺里上传尽可能多的产品

店铺里上传大量的产品，增加产品数量，将直接提高店铺曝光率，增加产品与店铺被用户访问到的概率。根据最新的平台数据显示，卖家的产品数达到150个的时候，出单比率将提升至50%，同时店铺产品数量越多，成交的概率也就越大。

（2）优质的产品标题（关键词）与信息描述质量

优质的产品标题与信息描述，将直接影响产品排名。除了大量丰富的产品之外，产品标题与产品信息质量是最终决定买家是否下单采购的关键性因素。其中，标题、类目、属性作为产品信息的三大要素直接影响产品排名。

一个优质的产品标题有几个关键的组成要素：款式、材质、形状、中心词、销售方式等。

正确的产品类目可以让买家更加高效地找到你的产品，让店铺的产品有更多的曝光机会；如果错放类目，那么在买家通过类目导航来进行搜索时就无法找到你的产品，而且错放类目的产品还会影响排名。

和产品类目一样，正确丰富的产品属性除了可以帮助买家更好地了解产品特性之外，也可以在买家不同的搜索方式下得到多倍的曝光。相反,如果选错了属性,该产品的排名将靠后。

2. 产品描述细致详尽

为了优化商品的详细描述,增强买家的购买欲,减少流失率,速卖通为卖家精心打造八大行业详细描述模板——3C 数码、婚纱礼服、美容假发、玩具、珠宝首饰、灯具、鞋子、箱包。帮助卖家提高交易效率,提升订单转化率。

3. 了解排序规则

卖家都知道产品排序决定着自己店铺的生意,要想赚钱,排序一定要做好。速卖通的排序规则主要影响因素有:

1) 商品的信息要尽量准确完整,配以高质量的图片。
2) 信息标题中增加突出商品优势的关键词,属性要填写完整,并正确选择产品类目。
3) 商品的交易转化能力。买家下单后要及时发货,避免成交不卖。
4) 卖家的服务能力。平台会结合卖家跟买家及时沟通情况及账号的好评率、纠纷率、退款率、成交不卖等情况排序,如好评率越高,排序会越靠前。

4. 避免搜索作弊带来的排名下降

目前,在速卖通平台搜索作弊行为会直接影响该产品的排名,同时在一定程度上间接影响店铺排名。目前搜索作弊主要集中在标题、属性、类目上,包括错放、滥用等。

5. 使用好橱窗推荐位置

速卖通平台在卖家达到一定等级或者在一些特殊活动中会赠送橱窗位。被橱窗推荐的产品将在同等质量的产品中优先排名,进一步提升曝光。

二、买家数据应用

数据是帮助电子商务快速起航的有力武器,利用买家数据细化服务和营销能起到意想不到的效果。

卖家一方面要不断优化买家在店铺购买过程中的服务体验,做好客户咨询回复与后续物流工作;另一方面可通过后台工具,对已在店铺购买过产品的买家进行营销服务,可根据买家实际情况使用邮件等方式进行产品或活动信息推送,形成二次或多次成交。

三、平台活动报名

参与平台活动,是指速卖通平台在某个时段或特定节假日,整合相关资源,利用专门设立的特定频道进行推广活动,或是给予卖家特殊的推广渠道资源。参与平台活动能快速为店铺带来大量的流量和曝光,而且转化率较高,是店铺营销的利器之一。平台的主要活动有平台限时限量折扣、秒杀活动、手机抢购、SUPER DEAL、TODAY'S DEALS、全球场等。

四、充分利用站外流量

1. 站外 SEO

利用全球性搜索引擎如 Google、Yahoo 等进行站外搜索引擎优化,作为站内搜索优化的一个补充，但需要较高的专业水平。

2. 站外 SNS 社区营销

全球性 SNS 站点如 Facebook、Twitter 等，当前重点国家本土 SNS 社区如俄罗斯 VK.com 网站等，可通过 VPN 代理访问。前期可以通过加好友的方式建立小圈子，以软文分享的形式营销产品。随着店铺逐步发展，可制定一系列激励政策鼓励买家主动分享所购买产品及服务（如主动分享视频，发布到 Youtube 等网站上），形成口碑营销。

第二节 营销活动

速卖通的营销活动中的店铺活动是其重要的优化形式，可以通过限时限量折扣、全店铺打折、店铺满立减、店铺优惠券来引流转化。本节主要从以下几个方面讲解店铺活动内容。

一、平台活动报名

所谓"平台活动"是指速卖通平台在某个时段或特定节假日，整合相关资源，利用专门设立的特定频道进行推广活动，或是给予卖家特殊的推广渠道资源。它能快速为店铺带来大量的流量和曝光，而且转化率较高，是店铺营销的利器之一。

参与"平台活动"需要卖家报名参与。进入速卖通卖家后台，单击"营销活动"选项，进入"平台活动"页面，就会出现正在进行"招商"的平台活动列表，如图 11-1 所示。系统会根据店铺的经营指标自动展示"可参加的活动"，你可以在平台活动类型中选择自己想参加的活动。

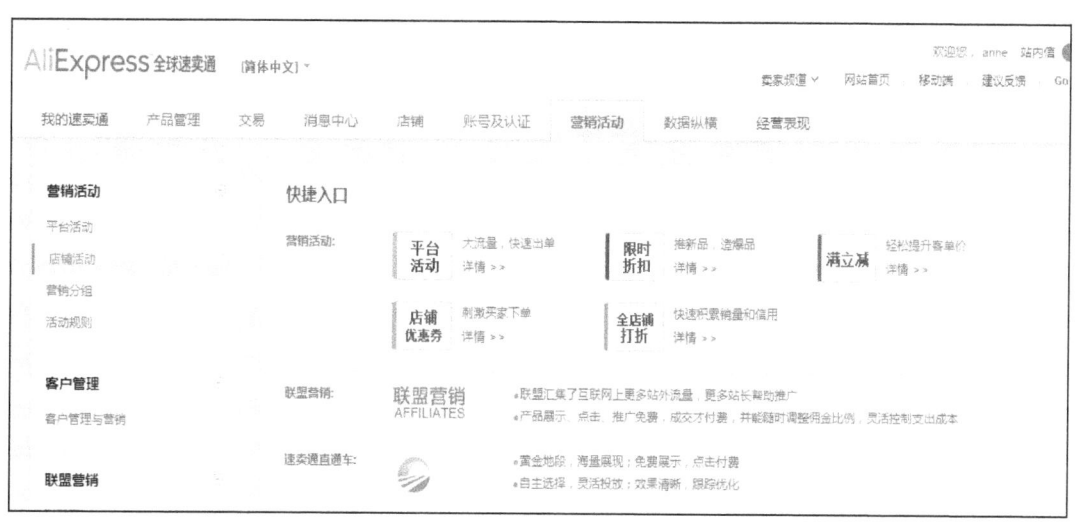

图 11-1 平台活动

每个平台活动都有"活动的描述""招商时间""展示时间""活动要求""支付时限""类目要求""报名情况"的说明。卖家在参与活动时，要仔细认真地阅读这些说明，看看是否能达到或满足这些要求。一般情况下，应考虑以下三个方面。

1）类目是否符合活动的要求。例如"春季鞋包清仓活动"，并不是所有的鞋和包都能够参与，如果你的商品不符合这里的类目要求，即使报名了也是浪费时间。

2）店铺指标是否能够满足活动要求。例如，店铺等级、好评率、销量、DSR、发货期等是否达到要求。

3）利润率是否足够大。一般活动的力度都比较大，有些折扣都要达到50%以上，这种情况下就要考虑产品的利润率是否有足够的折扣空间。

当然，还要考虑是否有足够的库存，因为一旦参与活动，销量有可能激增，这种情况下就要考虑供应链的能力。

二、店铺活动

"店铺活动"中有包含四个功能："限时限量折扣""全店铺打折""店铺满立减""店铺优惠券"。进入速卖通后台，单击"营销活动"选项，选择"店铺活动"，打开"店铺活动"页面即可看到，如图11-2所示。下面依次介绍这四个功能的设置和使用方法。

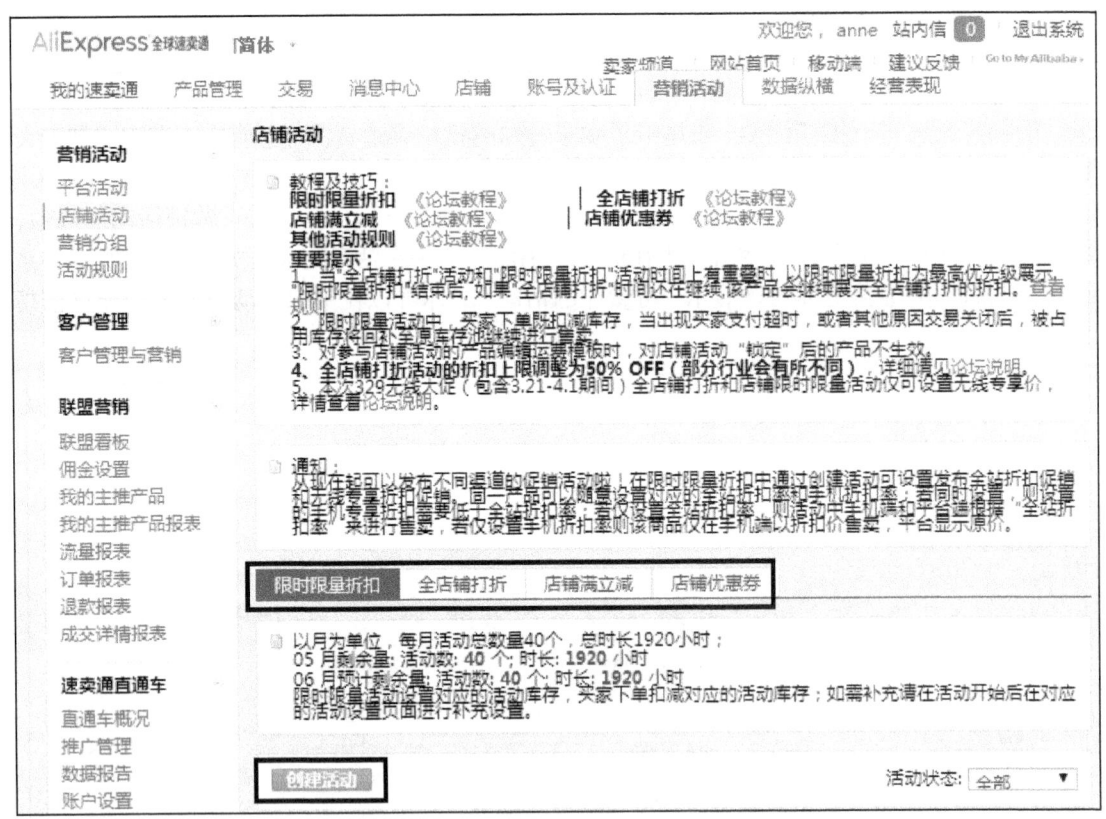

图11-2 店铺活动

1．限时限量折扣

买家的购物车和收藏夹里的商品一旦打折，立刻会收到系统提示，可提升购买率。

速卖通买家可以通过搜索页面的"SALE ITEMS（折扣产品）"搜索结果筛选功能查找折扣产品。通过"限时限量折扣"工具打折的商品，将有机会展示在搜索结果的第一页，如

图 11-3 所示。

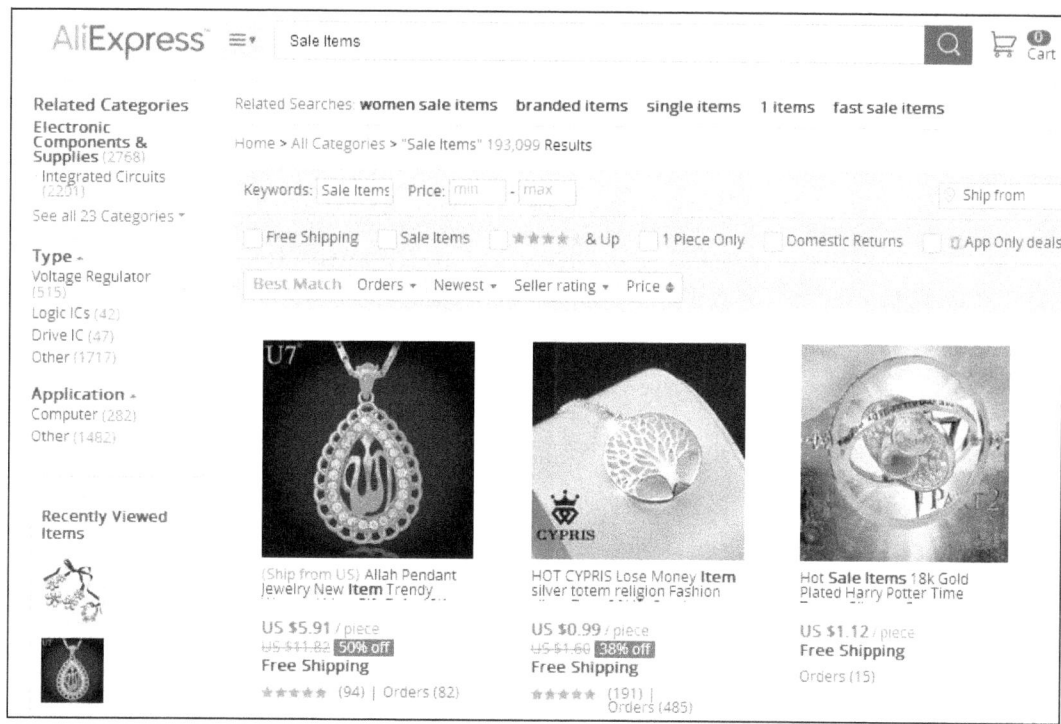

图 11-3　折扣产品

 **操作指南**

步骤 1：单击图 11-2 所示的"创建活动"按钮，进入图 11-4 所示的设置界面。活动开始时间为美国太平洋时间。打折商品 12 小时后展示给买家，需提前 12 小时创建活动。

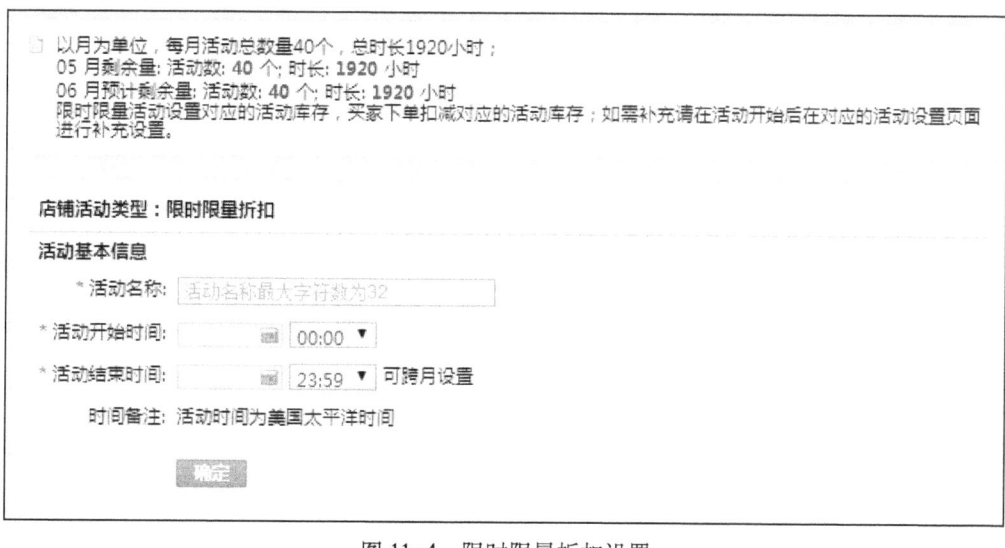

图 11-4　限时限量折扣设置

步骤 2：创建好限时限量活动后，选择参与活动的商品，每个活动最多只能选择 40 个商品，如图 11-5 所示。

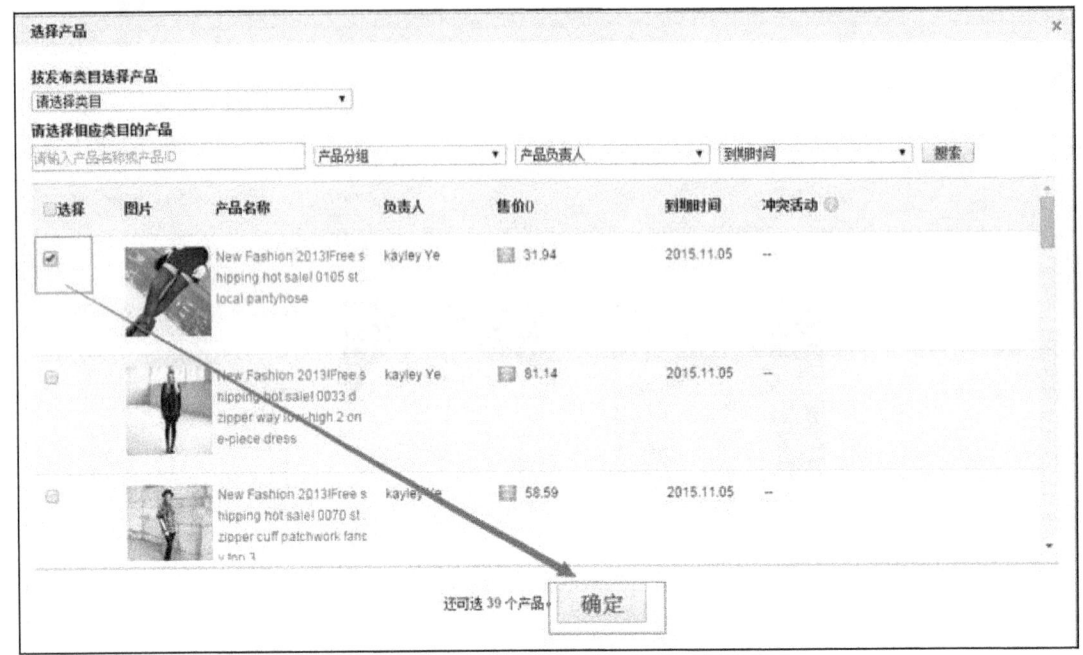

图 11-5　选择产品

步骤 3：设置商品折扣率和促销数量。可批量设置折扣库存，也可单独设置，如图 11-6 所示。

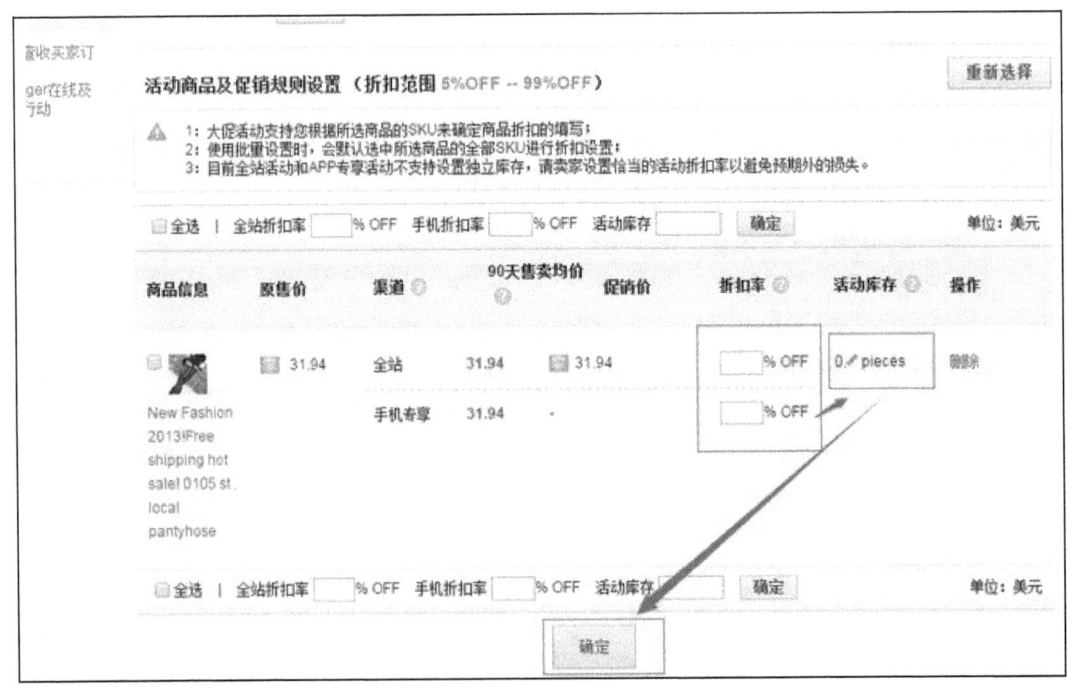

图 11-6　设置折扣范围

步骤4：单击"确定"按钮，即完成设置，活动将处于"未开始"状态，此时可以进行修改活动时间、增加和减少活动商品等操作。活动开始前6小时将进入锁定状态，活动状态将变成"等待展示"，活动开始后将处于"展示中"状态。处于"等待展示"和"展示中"状态就不可编辑，也不可停止。

注意：限时限量折扣活动一旦创建，商品即被锁定。目前只支持部分属性的编辑功能，若价格设置错误，则只能采取下架操作。

经验分享

（1）是不是只要报名了就会成功？

是的，日常限时限量活动报名时只需要满足价格低于活动要求即可，即满足折扣后的价格低于90天售卖均价即可报名成功。

（2）请勿提价打折。

系统会定期扫描提价打折的卖家。一旦卖家过于频繁地先提价再使用工具打折，反而会使价格搜索排序靠后。

（3）子账号不能设置吗？

是的，子账号没有设置权限。

（4）我可以只选择一个商品进行折扣吗？

选择多少个商品折扣决定权完全在你。选定商品后，你可以在折扣数量中进行设置，可以是piece，可以是lot，完全取决于你的设置。

（5）当月报名了跨月的活动，活动数量是如何扣减的？

平台为了控制营销活动的滥用问题，设置了每月可用的营销数量，限时限量打折活动为：每月活动总数量40个，总时长1 920小时；若本月设置了下个月的活动，则只会扣减下个月的活动时长和活动数量；若本月设置了跨月的活动，则会同时扣减2个月的活动数量，每个月各自扣减各自占用的活动时长。

2．全店铺打折

全店铺打折是一款可根据商品分组对全店商品批量设置不同折扣的打折工具，可帮助卖家短时间内快速提升流量和销量。

操作指南

步骤1：单击图11-2所示的界面，选择"全店铺打折"选项，单击"创建活动"按钮，进入如图11-7所示的设置界面。填写对应的活动名称、活动开始时间以及分组的活动折扣信息。

步骤2：单击"提交"按钮，活动开始之前12小时系统会进行活动锁定操作，在之前的时间内卖家可以编辑、删除店铺的活动。

图 11-7 活动信息

3. 店铺满立减

全店铺满立减工具是速卖通全新推出的店铺自主营销工具。针对全店铺的商品，在买家的一个订单中，若订单金额超过了卖家设置的优惠条件（满 X 元），在其支付时系统会自动减去优惠金额（减 Y 元）。既让买家感觉到实惠，又能刺激买家为了达到优惠条件而多买，买卖双方互利双赢。优惠规则（满 X 元减 Y 元）由卖家根据自身交易情况设置，合理使用满立减工具可以刺激买家多买，从而提升销售额。

 **操作指南**

步骤 1：单击图 11-2 所示的"店铺满立减"选项，单击"创建活动"按钮，进入设置界面，填写满立减活动的基本信息，如图 11-8 所示。

图 11-8 活动基本信息

在"活动名称"一栏内填写对应的活动名称,买家端不可见。

在"活动开始时间"以及"活动结束时间"处设置活动对应的开始时间及活动结束时间。

注意:同一个时间内(活动开始时间到活动结束时间)只能设置一个满立减活动(含全店铺满立减、商品满立减)。

步骤2:设置活动商品及促销规则,如图11-9所示。

设置"活动类型":目前支持"全店铺满立减"和"商品满立减"的选择。选择"全店铺满立减",该类型的活动和全店铺满立减活动类型一致;订单金额包含商品价格和运费,限时折扣商品按折后价参与。选择"商品满立减",即为设置了活动的部分商品的满立减活动;订单金额包含商品价格(不包含运费),限时折扣商品按折后价参与。

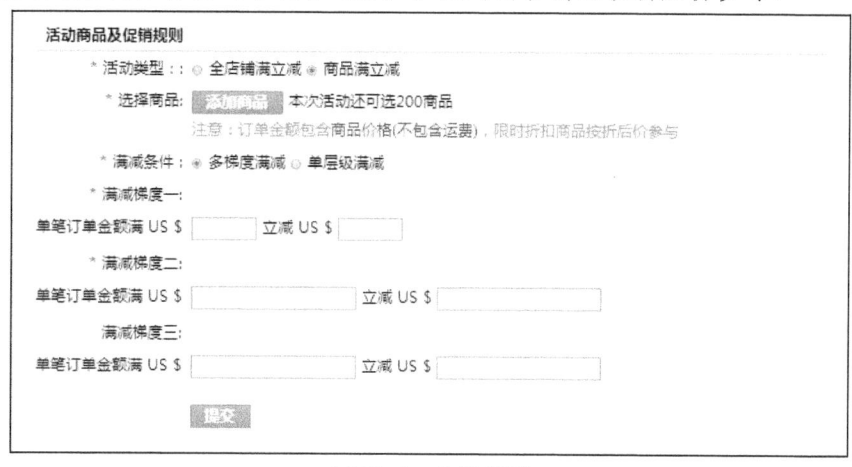

图11-9 促销规则

步骤3:设置"选择商品":针对"商品满立减"活动需要"添加商品",每次活动最多可以选择200个商品;确认后单击"提交"按钮。选择商品页面如图11-10所示。

图11-10 添加产品

目前可以支持通过产品名称、产品分组、产品负责人、到期时间搜索对应的产品；选择产品后，产品数会在选择栏的右下角显示。

4. 店铺优惠券

店铺优惠券是速卖通推出的店铺自主营销工具。卖家可以设置以自然买家流入为目的的领取型店铺优惠券，也可以为了提升店铺的二次购买率给买家定向发放店铺优惠券，让买家先领券再下单，提升购买转化率。

店铺优惠券主要分为两种类型：店铺领取型优惠券、定向发放型优惠券。

进入速卖通后台，单击"营销中心"选项，在"店铺活动"页面中选择"店铺优惠券"标签，单击"添加优惠券"按钮，如图11-11所示。

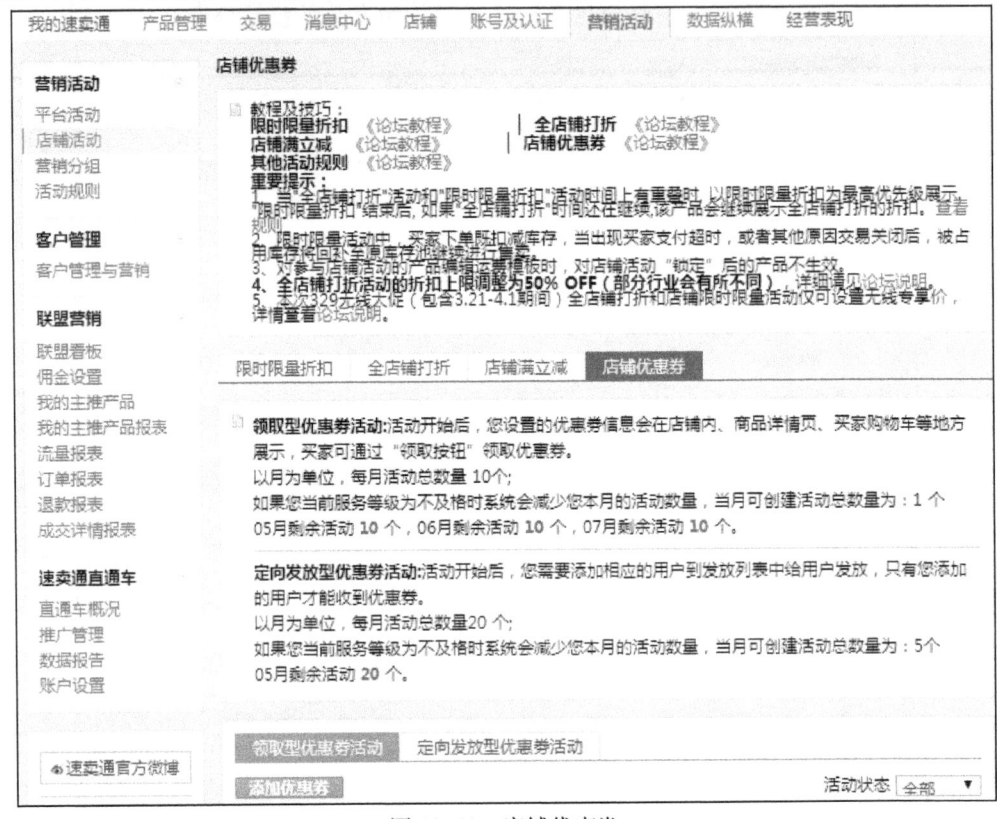

图11-11 店铺优惠券

下面分别讲解两种优惠券的设置方式。

方式一：店铺领取型优惠券

步骤1：单击"添加优惠券"活动进行活动的创建，并设置优惠券信息，如图11-12所示。

注意：

1) 设置的活动时间以及优惠券领取时间都为美国太平洋时间。

2) 面额：优惠券的优惠金额，若优惠券为满 X 美元优惠 Y 美元时，这里的面额指的是 Y。

3) 使用条件：为2) 中的 X，这里设置为"不限"时，则优惠券使用条件为 $Y+0.01$ 美元。

4) 有效期有两种设置形式：一种是指定有效时长，即买家拿到手后多少天内可以用；另一种是指定有效期，即优惠券只能在设置的使用时间内进行使用，其他时间不可使用。

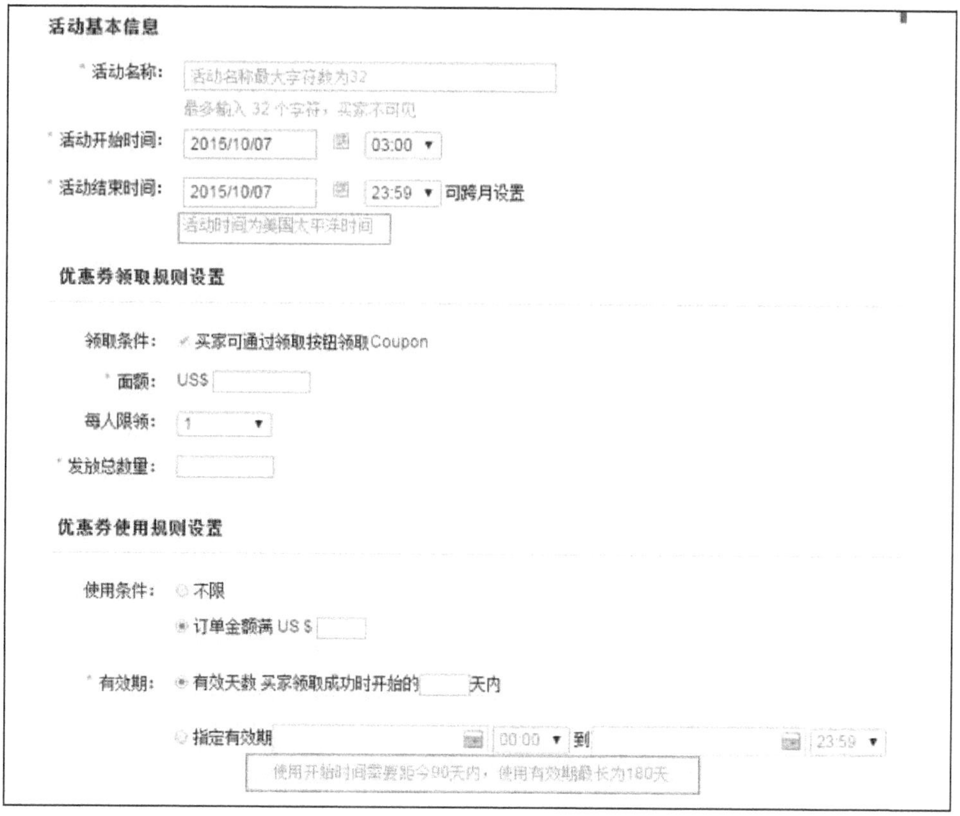

图 11-12　设置优惠券信息

步骤 2：设置完后单击"确认"按钮即可完成优惠券的设置。

方式二：定向发放型优惠券

步骤 1：定向发放型优惠券可以选择客户线上发放和二维码发放型优惠券，需要卖家选择好活动类型再进行设置。下面介绍"二维码发放型优惠券"的活动设置，如图 11-13 所示。

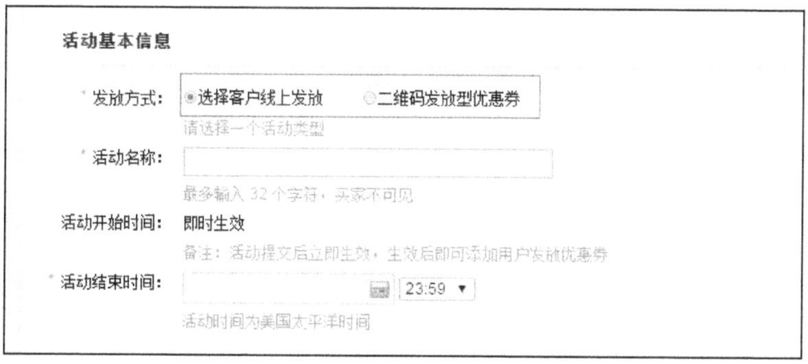

图 11-13　定向发放型优惠券信息设置

步骤 2：选择"二维码发放型优惠券"的发放方式填写优惠券活动的相关信息，选择"创建活动"选项，填写相关信息，如图 11-14 所示。

步骤 3：单击"保存"按钮并下载你的店铺优惠券所属二维码，把二维码打印到包裹、发货订单等处或者投放到各个营销渠道中并引导买家进行扫码即可，如图 11-15 所示。

图 11-14 二维码发放优惠券信息

图 11-15 生成二维码

二维码使用方法:

1) 卖家可以在包裹中放置优惠券的二维码图片,在买家收到包裹后,可通过扫描二维码的方式领取该类型的店铺优惠券。领取优惠券后,买家可以直接看到你的店铺首页,帮助卖家进行无线端引流。

2）卖家可以将发放型优惠券的二维码投放到买家的营销邮件、旺旺或者 SNS 等渠道进行二次营销。

第三节　无　线　营　销

速卖通的无线运营能给卖家带来更多的成交量，越来越多的卖家开始注重无线运营的优化。下面主要从速卖通无线端概况、速卖通无线端体验、速卖通无线运营三个方面来介绍无线营销。

一、速卖通无线端概况

1．无线成交情况

据了解，速卖通 2015 年无线端成交金额增长显著，速卖通 App 8 月每日流量是 2014 年同期的 5 倍以上，每日成交金额是 2014 年同期的 4.5 倍以上，无线端的增长速度高于 PC 端。

2．无线行业&国家分布

行业分布跟速卖通主站差别不大，主要还是服饰、数码和运动等。而无线端的成交按国家分布来看，与主站存在一定差异，无线端成交金额最高的国家是美国，占到无线端总成交金额的 30%以上，其次是俄罗斯、巴西等国家。

3．用户访问特点

因为移动设备的便携性，以及周末时间用户不常在 PC 端前的特点，所以无线端用户访问的分布点主要集中在周末以及晚上。另外，用户从 PC 端转化到无线端之后，购买频率将会大大增加。

同时，用户访问无线端具有高频率、短时间的特点，这就要求卖家的内容要在第一时间抓住用户的眼球，吸引其注意，如图 11-16 所示。

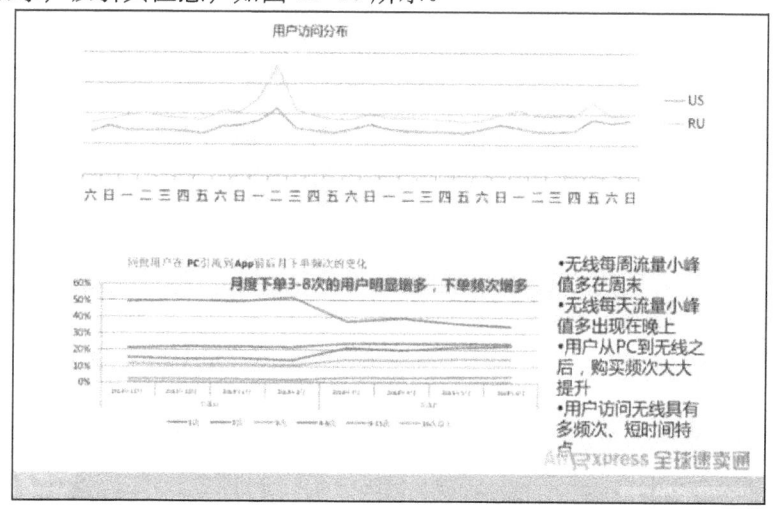

图 11-16　用户访问分布

二、速卖通无线端体验

目前,速卖通无线端包括3个客户端(IOS客户端、Android客户端和IOS客户端HD ipad 版)和1个Mobile Site,关于买家如何进行无线端的操作,这里简单介绍一下买家通过IOS客户端浏览的过程。

国外买家一般通过App Store下载客户端,进入客户端之后会看到无线端首页,通过无线端搜索、无线端类目,可以到达无线端商品详情页面、无线端店铺首页等。在无线端商品详情页面和无线端店铺首页都有明显的收藏和分享功能,如果买家感觉不错,还会选择分享店铺到社交网络中,如图11-17所示。

目前,速卖通的无线端首页面主要内容包括:平台活动、All Categories、SuperDeals、Quality Picks。在搜索和categories的路径下,买家可以单独筛选、查看手机专享价的商品。

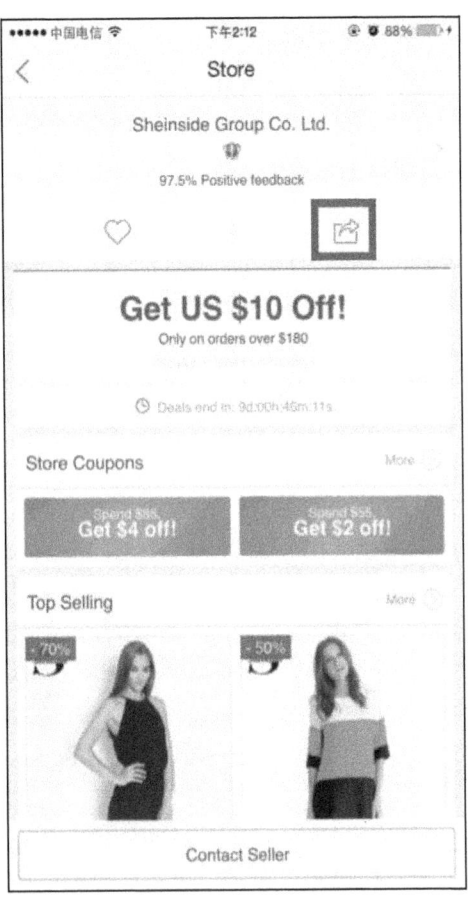

图11-17　无线端页面

三、速卖通无线运营

关于速卖通无线运营的要点主要通过两方面来讲:引入流量、转化流量。

1．关于无线流量的引入

（1）SNS

SNS 用户 6 成以上通过移动端访问，因此卖家做 SNS 推广对无线端流量有很大的帮助。

（2）PC 端到无线

扫码、收藏店铺和商品、加购物车是 PC 端到无线端的三个方式，所以卖家要引导顾客收藏店铺。

（3）无线流量

无线端本身可以通过无线搜索中的手机专享价活动和无线营销活动获得更多流量。

2．关于无线端流量的转化

无线端详情页面主要包含主图片、标题、描述、评价，对无线流量的转化是至关重要的。

（1）主图

商品的主图要清晰，要多图，同时注意细节和控制拼图，第一时间抓住客户眼球。

（2）标题

无线端商品的标题可读量是有限的，所以要把会引起客户注意的关键字提前，把重点描述部分放前面。

（3）描述

PC 端详情页面转化到手机端会有很大变化，重点要把图片和文字进行分离。描述页面中要保证图片清晰，比如服饰的尺码图片要让客户看得清。另外，在无线端相关联的图片应该有重点的划分，无线端与 PC 端不同，顾客第一需求还是与产品信息相关的内容。

（4）评价

引导买家写一些正面的评价，以及晒单，最好可以带图。

本 章 小 结

本章主要介绍了速卖通新店开通获取流量的方式及店铺活动中的四个功能："限时限量折扣""全店铺打折""店铺满立减""店铺优惠券"，并对这四个功能的设置方法做了详细介绍。

本 章 习 题

1．站内引流有哪些方法？
2．速卖通店铺营销活动主要有哪几种？

PART 12 第十二章 数据分析

关于数据分析,很多中小卖家会觉得电商行业经常说的大数据离自己太遥远,毕竟自己的店铺是小店。事实上,数据无处不在,用数据来检验和指导店铺运营是很有必要的。

第一节 数据分析概述

《孙子兵法》有云:知己知彼,百战不殆。数据分析其实就是在做这两件事:"知己"就是了解自己的店铺经营状况,"知彼"则是了解外面的市场行情。

速卖通卖家可以借助哪些工具进行数据分析呢?数据分析能给卖家们带来哪些好处?接下来就对这两个问题进行分析。

一、数据分析的工具

速卖通平台为卖家提供了"数据纵横"工具。借助这一工具,卖家可以获得行业数据和自己店铺的所有数据,还可以运用图表直观分析,可用 Excel 的公式及数据透视表功能进行统计运算,进而提取有用的信息,抢占市场商机,提升店铺的经营效果。

速卖通数据分析分为两大块,即商机发现和经营分析。

商机发现包括行业情报、搜索词分析和选品专家,帮助卖家选好行业和产品,抢占市场商机。

经营分析提供店铺的各类经营指标数据,帮助卖家进行店铺、产品、营销活动等方面的优化工作,提升店铺整体的经营效果。

二、数据分析的作用

数据分析可以帮助卖家抢占市场商机,提升经营效果,具体包含以下作用:

1. 提升曝光和流量

商品标题中加入买家热搜词可以提升商品被买家搜索到的概率,提升曝光,进而提升店铺的流量。卖家可以通过"数据纵横——搜索词分析"功能找到买家热搜词和飙升词,并运用到商品标题中,提升被买家搜索到的概率。

商品属性填写的完整性和合理性也能提升商品的搜索排名。借助于数据分析,卖家可以利用"数据纵横——选品专家"功能掌握"TOP 热销属性"和"热销属性组合",从中找到买家偏好并完整填写店铺商品的相关属性,进而提升商品搜索排名,提升曝光和流量。

2. 提升买家下单意愿,刺激买家买更多

借助于"数据纵横——商品分析"功能,卖家可以找到曝光和浏览量高但订单数少的商品以及被加入到购物车、收藏夹的商品,对这些商品设置折扣进行促销推广,就能提升买家的下单意愿。同时,通过数据分析中的关联产品模块,进行合理的关联推荐,也能提升商品成交。

3. 掌握促销或装修效果,为优化提供依据

通过数据分析,卖家可以及时掌握促销或店铺装修的效果,并据此进行及时优化调整。

第二节 行业数据分析

行业数据分析即速卖通平台数据纵横中的商机发现,它包括行业情报、搜索词分析和选品专家。

一、行业情报

平台提供了行业概况和蓝海行业两类行业情报供卖家分析。此部分内容已经在本书的第四章详细介绍了,所以在此不再重复。

二、搜索词分析

"搜索词分析"可以帮助卖家了解到买家用哪些关键词搜索商品,进而在商品标题和属性描述中加入这些关键词,提升商品被买家搜索到的概率。

借助速卖通平台的搜索词分析,卖家可以分行业、分国家查询最近 7 天/30 天买家搜索的热门词、飙升词、零少结果词,还可以下载最近 30 天的原始数据。图 12-1 所示是服装/服饰配件行业的美国用户在 2016 年 3 月 8 日至 3 月 14 日共 7 天的热搜词,从图中可知此段时间内美国用户在服装/服饰配件行业最热的搜索词是"sunglasses",卖家可以在商品标题和属性描述中加入这一关键词,提升商品被搜索的概率,提高商品的曝光率。

搜索词分析指标说明:

1)是否是品牌词:如果是禁限售商品,您销售此类商品将会被处罚,品牌商品只有拿到授权才可以进行销售。
2)搜索指数:搜索该关键词的次数经过数据处理后得到的对应指数。
3)搜索人气:搜索该关键词的人数经过数据处理后得到的对应指数。
4)点击率:搜索该关键词后并点击进入商品页面的次数占比。

5) 浏览-支付转化率：关键词带来的成交转化率。

6) 竞争指数：供需比经过指数化处理的结果。供需比：所选时间段内每天关键词曝光出来的最大产品数/所选时间段内每天平均搜索人气。该值越大竞争越激烈。

7) TOP3 热搜国家：所选时间段内搜索量最高的前三个国家。

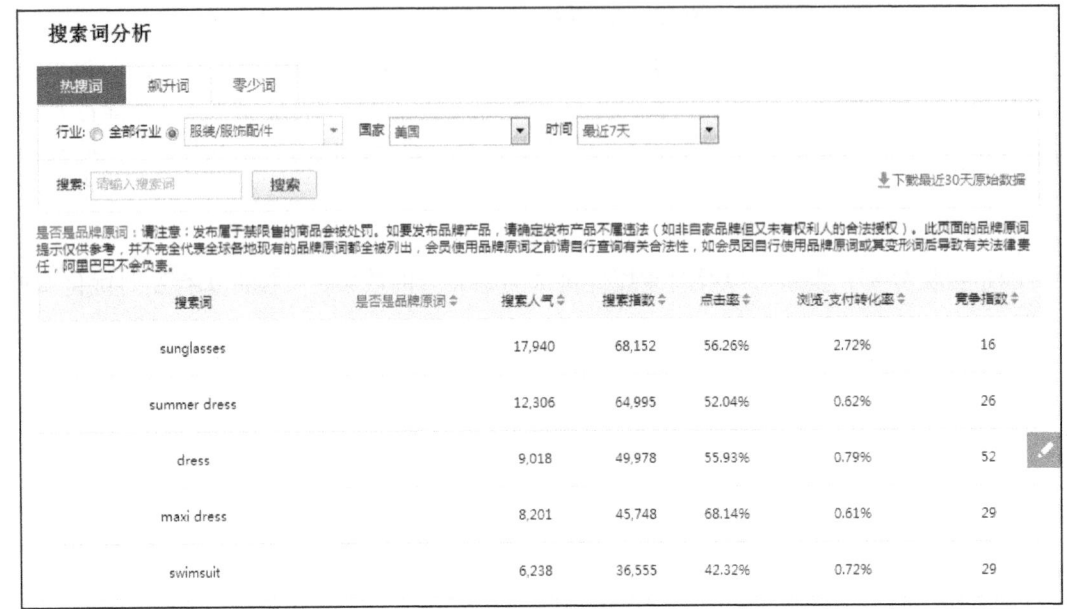

图 12-1　热搜词分析

经验分享

零少结果词又被称为"蓝海词""长尾词"，具体是指具备一定买家搜索热度，但供应商发布产品较少，通常该词下对应的精确匹配产品数量不超过 3 页，因而同行业竞争度较低的关键词。一旦卖家能准确使用这些词语，并能结合信息质量发布一条合格的产品信息，将获得曝光和点击量的快速提升。

三、选品专家

借助"选品专家"，卖家可以根据国家和行业组合，选择出热搜和热销的商品品类，并结合竞争度的大小，选择适合的商品，按照热卖国家的特点发布对应商品。

1. 热销

"热销"帮助卖家了解在指定行业和时间段内热销的产品是什么、这些热销产品具备哪些属性并与哪些产品关联，以及热销产品的市场竞争情况等信息。

如图 12-2 所示，从"TOP 热销产品词"页面可以看到行业下美国最近一天热销的商品品类。其中圆圈越大，表示产品销量越高。颜色代表竞争情况，颜色越红，竞争越激烈；颜色越蓝，竞争越小。如图中所示在服饰/服饰配件行业，最近一天在美国最热销的产品是"dress"，且其也是竞争最激烈的。

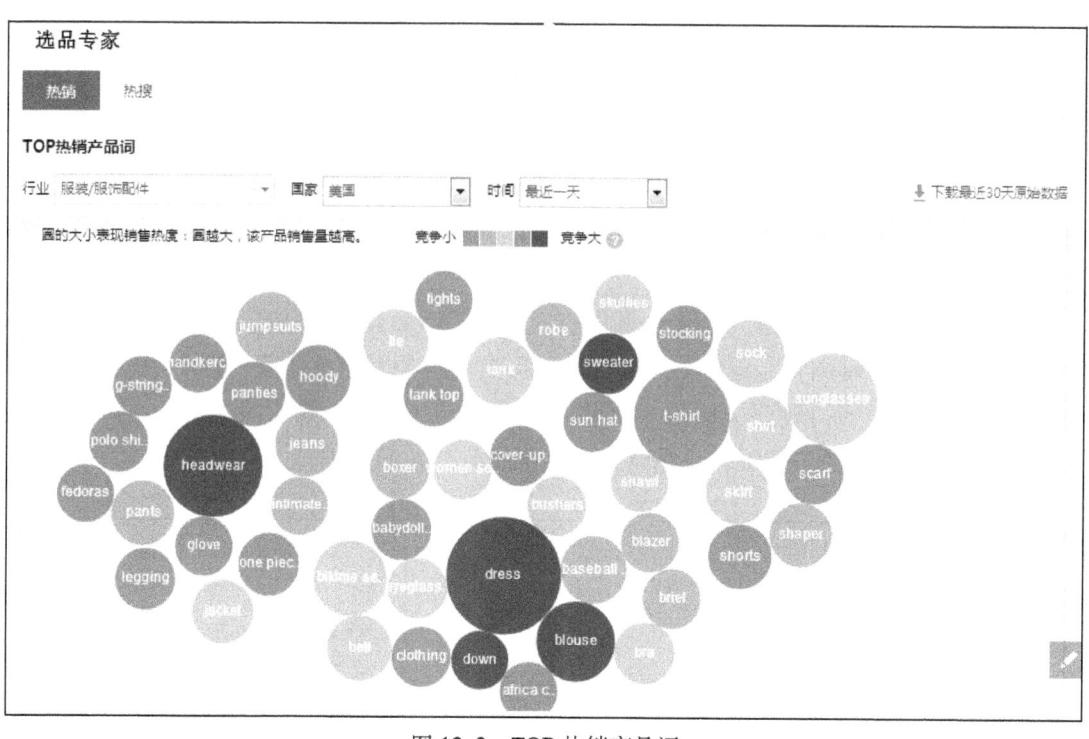

图 12-2　TOP 热销产品词

除了图外,卖家还可以单击"下载最近 30 天原始数据"获得"Hot_Sale"热销词表,见表 12-1,可以清楚地看到各商品关键词的各项指标。

表 12-1　热销词表

行　业	国　家	商品关键词	成　交　指　数	浏览-支付转化率排名	竞　争　指　数
服装/服饰配件	美国	africa clothing	309	18	1.05
服装/服饰配件	美国	babydolls	1 073	36	12.23
服装/服饰配件	美国	baseball cap	2 955	13	6.19
服装/服饰配件	美国	belt	2 472	4	8.29
服装/服饰配件	美国	bikinis set	5 123	5	7.52
服装/服饰配件	美国	blazer	629	43	5.59
服装/服饰配件	美国	blouse	6 668	10	15.56
服装/服饰配件	美国	boxer	957	34	6.17
服装/服饰配件	美国	bra	1 354	33	7.74
服装/服饰配件	美国	brief	759	40	5.37
服装/服饰配件	美国	bustiers	744	45	8.85
服装/服饰配件	美国	clothing	845	50	14.06
服装/服饰配件	美国	cover-ups	912	14	4.71
服装/服饰配件	美国	down	272	49	16.03
服装/服饰配件	美国	dress	17 301	6	20.62
服装/服饰配件	美国	eyeglass frame	852	25	7.25
服装/服饰配件	美国	fedoras	265	42	4.92
服装/服饰配件	美国	g-strings	841	29	3.28

指标说明:

成交指数:所选行业所选时间范围内,累计成交订单数经过数据处理后得到的对应指数。成交指数不等于成交量,指数越大,成交量越大。

浏览-支付转化率排名:所选行业所选时间范围内,浏览-支付转化率排名。

竞争指数:所选行业所选时间范围内,产品词对应的竞争指数。指数越大,竞争越激烈。

在图 12-2 所示中,卖家可以单击圆圈查看指定品类商品的关联产品和属性等信息。图 12-3 所示为买家同时浏览、单击、购买"dress"商品的关联产品,即"TOP 关联产品"。连线越粗,产品与产品间的关联越强,即买家同时浏览、单击、购买的人越多。圆圈越大,销量越高。颜色表示竞争情况,颜色越红,竞争越激烈;颜色越蓝,竞争越小。

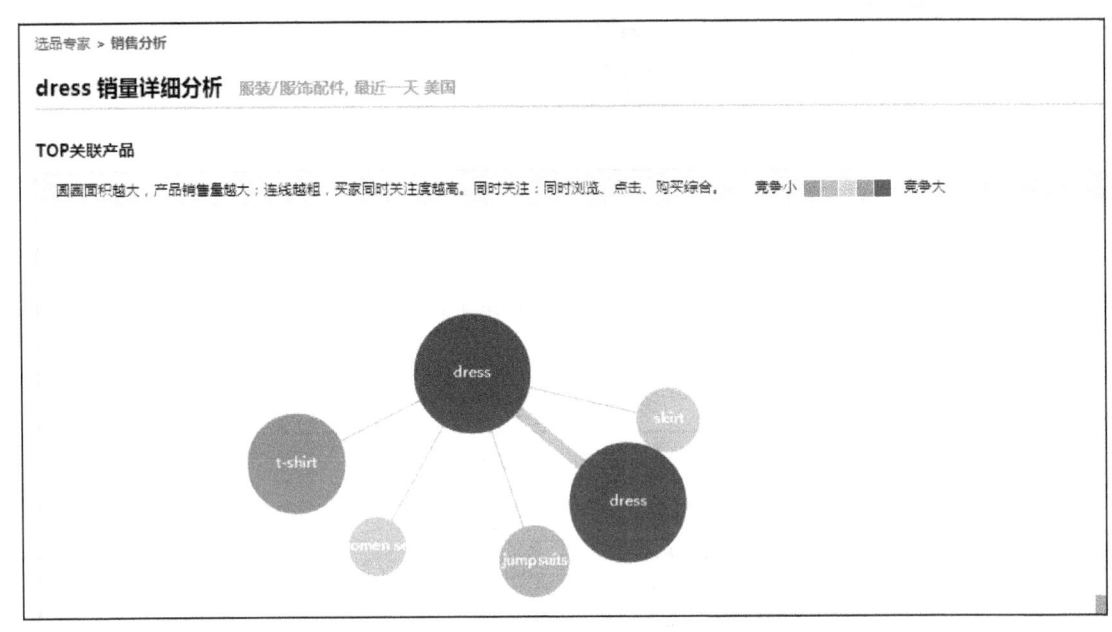

图 12-3　热销 TOP 关联产品

在"TOP 关联产品"下方可以看到指定商品的"TOP 热销属性",图 12-4 所示为热销产品词"dress"的热销属性。单击"+"号可以展开 TOP 热销的属性值,单击"-"号可以收起属性值。点开后,属性值的圈越大表示销量越高;同一类颜色在此图只作属性分类用,如从图中可知"dress"的热销属性中裙长是"膝盖以上、mini 裙"最热销,此处也可以下载最近 30 天的原始数据。借助"TOP 热销属性",卖家可以结合自己商品的特征,优化自身的商品属性,提高买家找到商品的机会,同时卖家也可以了解目前热销的商品属性,方便选品。

图 12-5 所示是服饰/服饰配件品类下热销属性组合,相同颜色代表一类商品,圈越大销量越高。

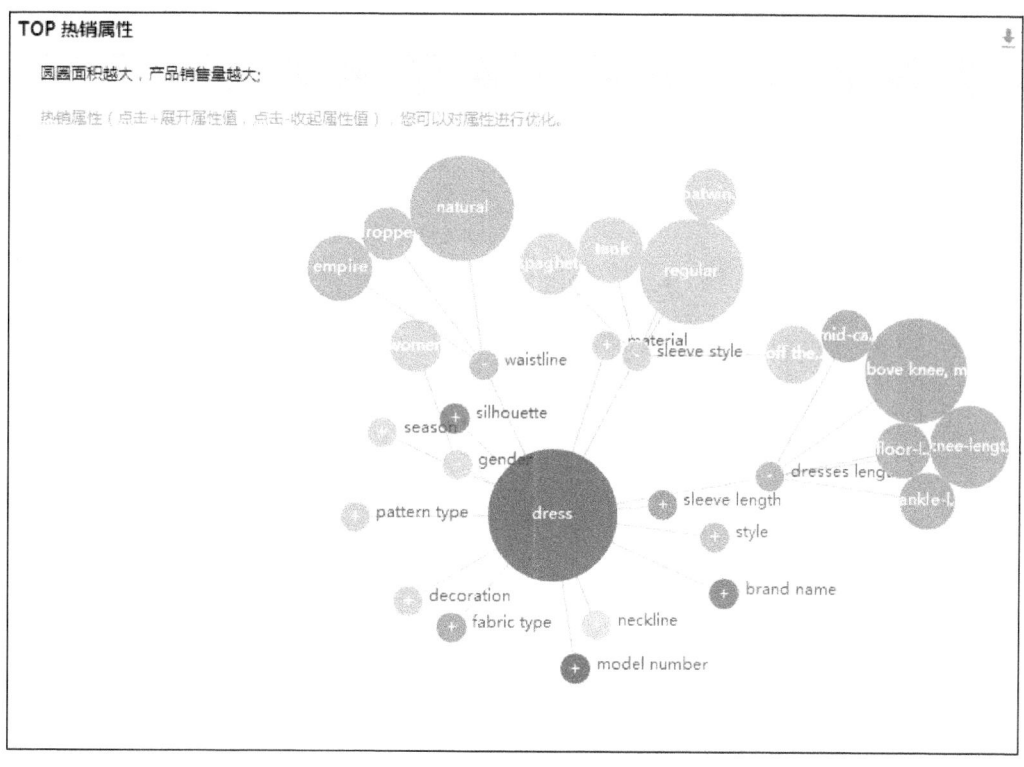

图 12-4　TOP 热销属性

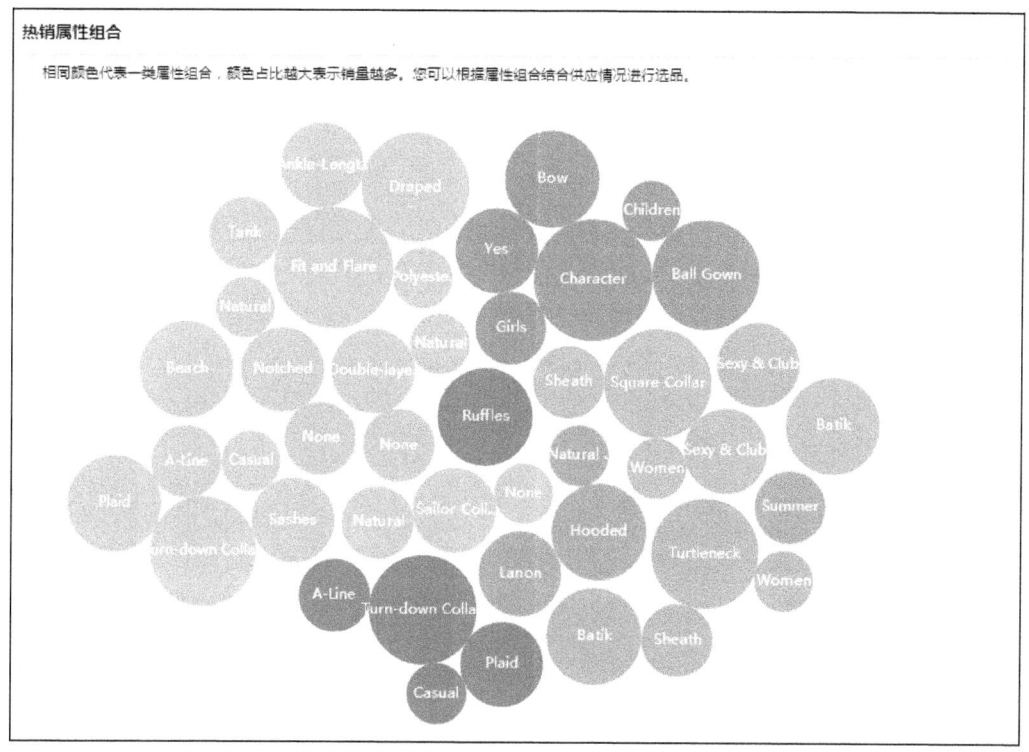

图 12-5　热销属性组合

可以单击圆圈，查看属性组合详情。例如：单击紫色圆圈，弹出下面属性组合详情框，如图12-6所示。这类商品特征：定制的、蝴蝶结、舞会礼服、女童。卖家可以勾选属性组合来查看在平台上此类商品的特征。

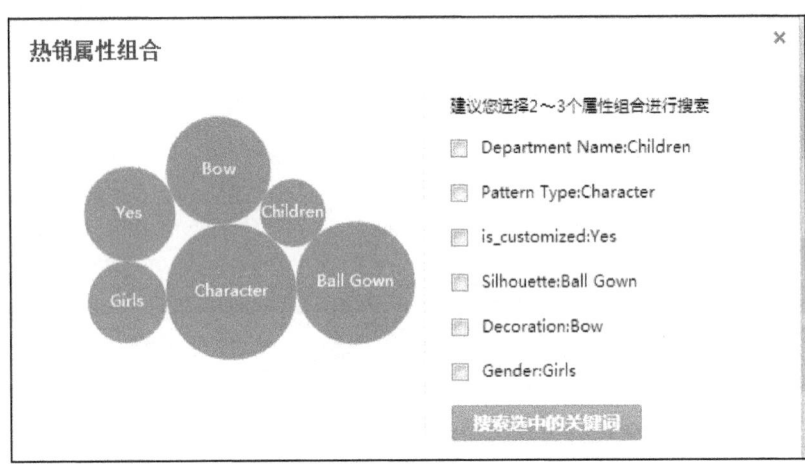

图12-6　热销属性组合详情

2. 热搜

"热搜"可以分行业、分国家查询最近1天/7天/30天内买家搜索的产品词、这些产品的热搜属性、关联销售。可以帮助卖家看清买家在搜索什么。图12-7所示是美国用户在2016年3月20日一天在服装/服饰配件行业的热搜产品词，其中圆圈越大，产品销售量越高。

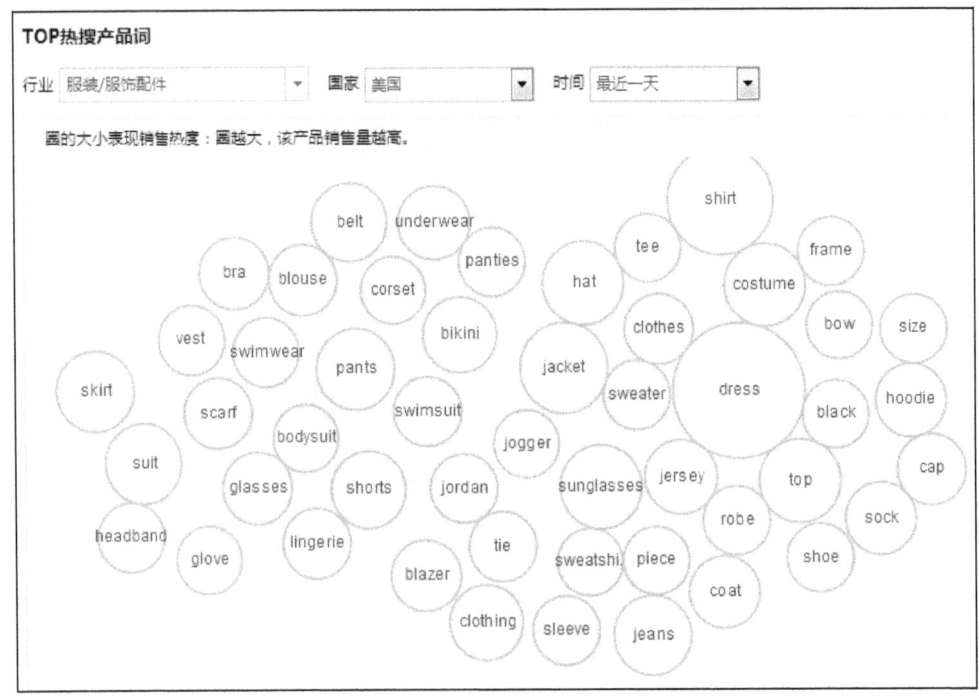

图12-7　热搜产品词

卖家也可以单击"下载最近 30 天原始数据"按钮获得"Hot_Search"热搜词表,见表 12-2,可以清楚地看到各商品关键词的各项指标。

表 12-2 热搜词表

行 业	国 家	商品关键词	搜 索 指 数	搜 索 人 气	浏览-支付转化率排名	竞 争 指 数
服装/服饰配件	total	accessory	15 929	10 070	41	3 965.79
服装/服饰配件	total	bag	14 389	10 051	50	2 522.54
服装/服饰配件	total	belt	46 179	19 776	18	396.09
服装/服饰配件	total	bikini	40 591	19 833	29	937.72
服装/服饰配件	total	black	16 805	10 253	47	7 499.29
服装/服饰配件	total	blazer	23 495	11 160	40	22.74
服装/服饰配件	total	blouse	30 996	15 556	30	2 372.44
服装/服饰配件	total	bra	33 469	15 525	13	80.04
服装/服饰配件	total	cap	51 241	23 020	26	439.96
服装/服饰配件	total	clothes	32 025	20 157	49	2 008.09
服装/服饰配件	total	clothing	46 750	30 590	48	1 979.55
服装/服饰配件	total	coat	52 415	27 193	42	2 595.21
服装/服饰配件	total	costume	121 133	65 927	44	4 551.96
服装/服饰配件	total	dress	279 003	125 929	24	234.15
服装/服饰配件	total	glasses	43 473	20 854	22	269.81
服装/服饰配件	total	glove	21 706	11 015	23	47.57
服装/服饰配件	total	hat	62 428	31 043	8	278.63
服装/服饰配件	total	hoodie	32 811	16 867	43	568.3
服装/服饰配件	total	jacket	150 428	73 612	31	388.75
服装/服饰配件	total	jeans	79 372	36 761	36	1 508.54
服装/服饰配件	total	jersey	25 084	13 997	46	635.7
服装/服饰配件	total	lingerie	27 823	13 053	25	189.29
服装/服饰配件	total	mask	14 297	9 034	37	120.08

在图 12-7 所示中,卖家可以单击圆圈获取某一具体热搜产品的关联产品信息和热搜属性信息。图 12-8 所示是"dress"这一热销搜索词的 TOP 关联产品。其中圆圈面积越大,产品搜索量越大;连线越粗,表示搜索关键词 A 且搜索关键词 B 的买家越多。

图 12-9 所示是"dress"这一热销搜索词的 TOP 热搜属性。通过热搜属性(单击"+"展开属性值,单击"-"收起属性值),卖家可以对产品属性进行优化。圆圈面积越大,产品搜索量越大。如从图 12-9 中可知"dress"的热销属性中码数是"XXL、M"最热销。此处也提供了最近 30 天的原始数据供卖家下载。

通过以上数据的分析,卖家可以结合自身情况进行科学的选品。

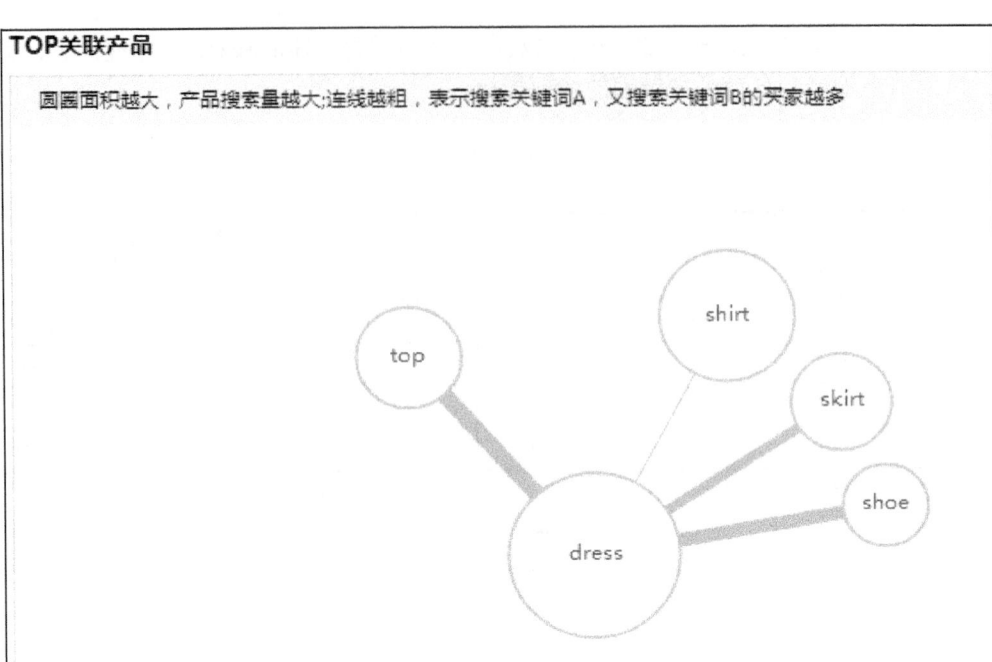

图 12-8 热搜 TOP 关联产品

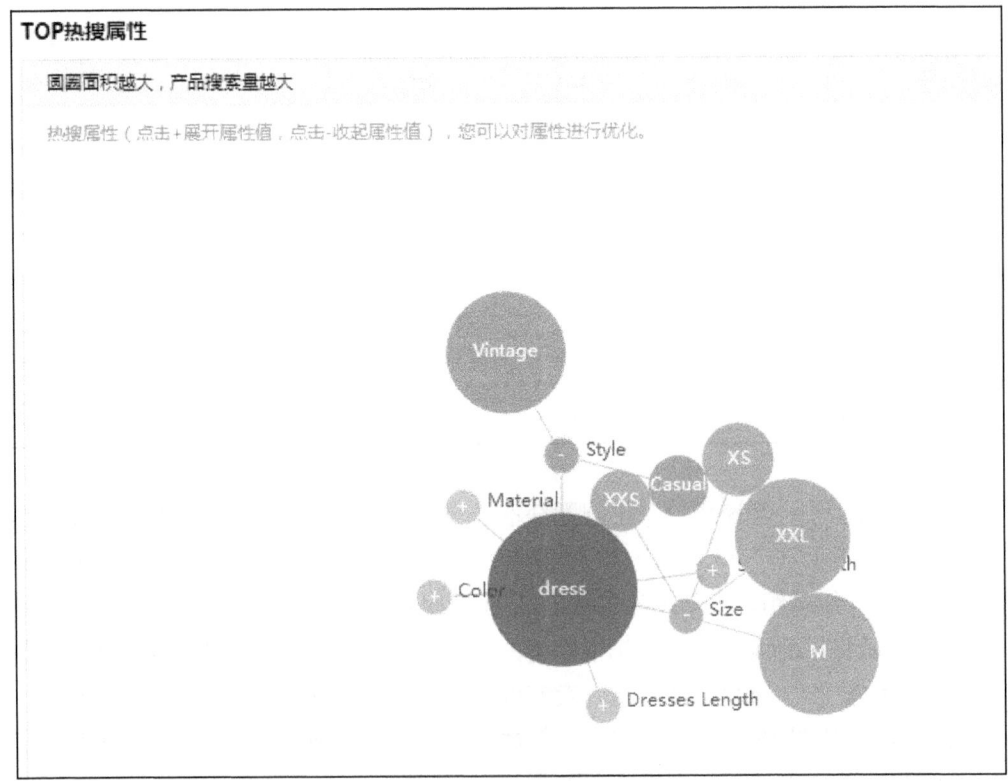

图 12-9 热搜属性

第三节 店铺经营分析

卖家在充分了解外面的市场行情,做到知彼,抢占商机的同时,更需要做到知己,就是了解自己的店铺的经营状况,从而提升网店的经营效果。

借助速卖通平台的"数据纵横"工具,卖家可以对店铺的经营情况进行分析,具体包括实时风暴、商铺概况、商铺流量来源、商铺装修、商品分析、营销助手等。

一、实时风暴

"实时风暴"助力卖家及时掌握店铺的实时流量、实时交易情况等数据。

通过"实时风暴",卖家可以查看店铺 24 小时内的实时经营情况。具体内容包括当天(美国太平洋时间 GMT-8)店铺主营行业实时交易额排名、店铺流量和销量数据(包括曝光量、浏览量、访客数、订单数、转化率、成交金额等)、上周同比数据及店内实时数据、Top100 商品展示,如图 12-10 所示。通过对这些数据的分析,卖家可及时了解店铺的流量变化,流量销量一目了然,从而为判断商品信息优化、营销活动、直通车等调整提供参考依据。还可以在流量集中的时段调整客服工作时间及直通车投放时间。

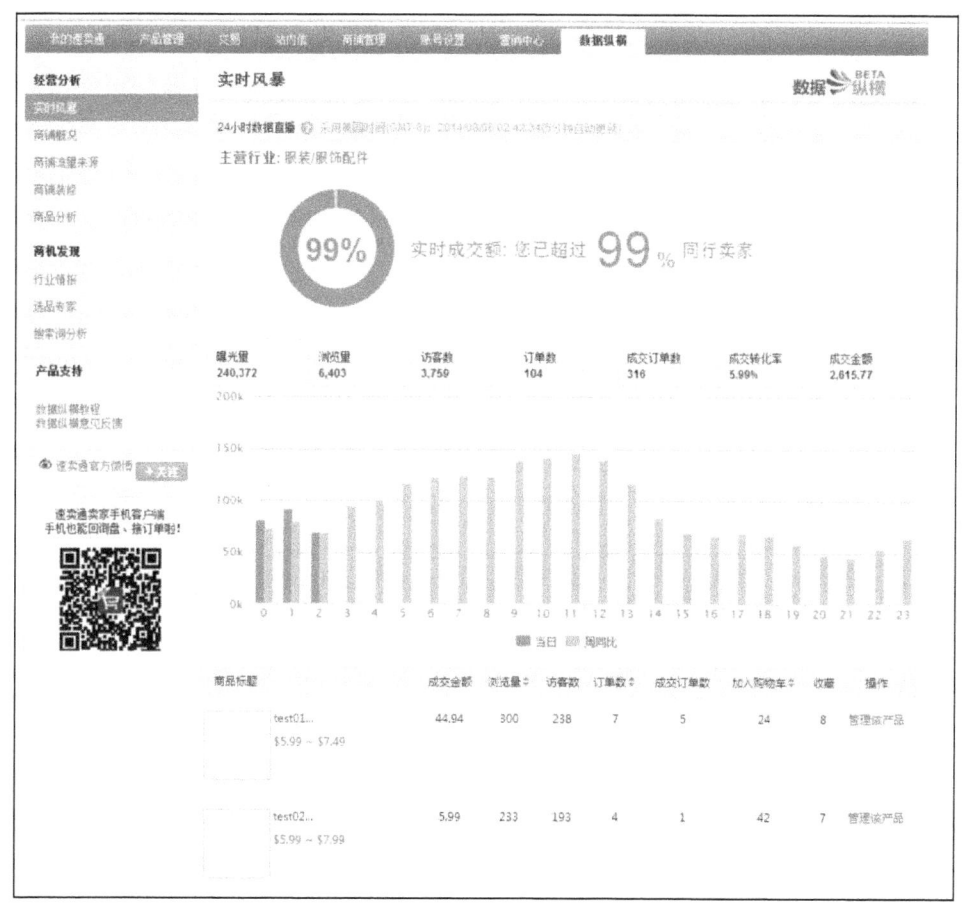

图 12-10 实时风暴

 **知识链接**

美国太平洋时间（GMT-8）

电子商务的鼻祖们都出生在美国西海岸，所以速卖通平台遵循传统，使用太平洋时间（GMT-8）。查看时区的网站：http://24timezones.com/。

速卖通时间（GMT-8）AM11:00=BeiJing（GMT+8）AM3:00

速卖通时间（GMT-8）AM11:00=Moscow（GMT+4）PM11:00

二、商铺概况

在"商铺概况"下，卖家可以查看到指定时间内的商铺排名、商铺经营情况、国家分布和趋势看板、平台分布和趋势看板、商铺核心指标分析及商铺访客全球分布等信息。以下分别对这些新信息进行介绍。

1. 商铺排名

如图 12-11 所示，商铺排名为卖家提供了近 30 天商铺同行成交分层排名，使卖家可以清晰地了解当前店铺在行业中所处的位置。其中分层是按照店铺近 30 天的 GMV（商品交易总额）进行的，如图中所示 GMV 在 0~$1000 的店铺为服饰/服饰配件行业的第一层级。

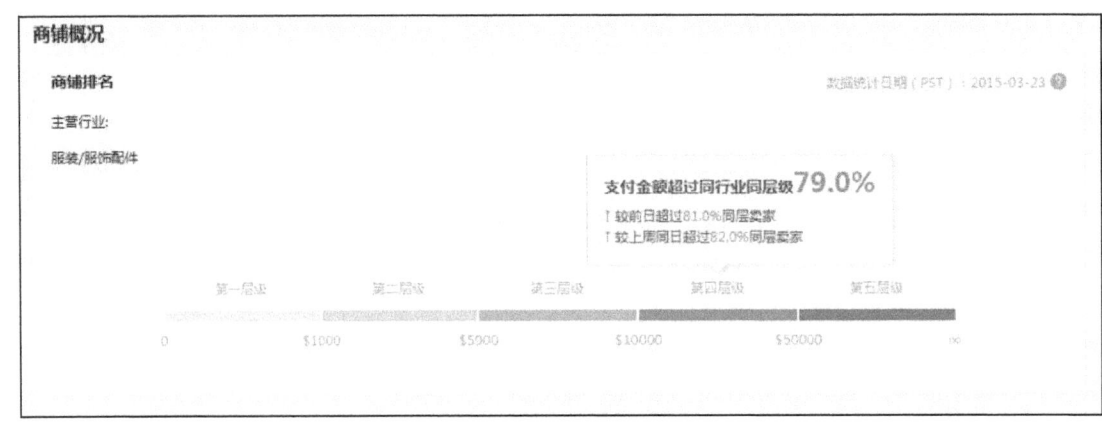

图 12-11　商铺同行分层排名

2. 商铺经营情况

如图 12-12 所示，商铺经营情况为卖家提供了全店铺与 Apps 端的成交数据分析，清晰掌握 Apps&PC 成交分布，明确店铺提升点。且卖家可以自由选择统计时间，系统提供最近 7 天/30 天和自定义时间，在统计口径平台上提供了"上期同比"和"同行同层级均值对比"两种方式，且数据均可以下载。其中 Apps 端数据包含 AliExpress 的 IOS、Android 和 IOS（iPad 版）客户端。

3. 国家分布和趋势看板

如图 12-13 所示，国家分布及趋势看板为卖家提供分国家查看流量与交易趋势。单击某个国家，右边趋势图联动显示该国家数据。这些数据的分析为卖家进行国家特色化运营提供参考。[图中 GMV（Gross Merchandise Volume）是指店铺商品交易总额；UV（独立访客）：Unique Visitor 的简写，是指独立访客。]

第十二章
数据分析

图 12-12　商铺经营情况

图 12-13　国家分布及趋势

4．平台分布和趋势看板

平台分布和趋势看板为卖家提供 PC 和 App 平台的流量与交易趋势。为卖家进行平台特色经营提供数据参考。

5．商铺核心指标分析

如图 12-14 所示，商铺核心指标分析提供全店铺和 Apps 端的核心指标数据，包括搜索曝光量、店铺浏览量、店铺访客数、浏览-下单转化率、下单买家数、支付买家数、支付金额和退款金额等指标，帮助卖家多维度解析店铺数据。

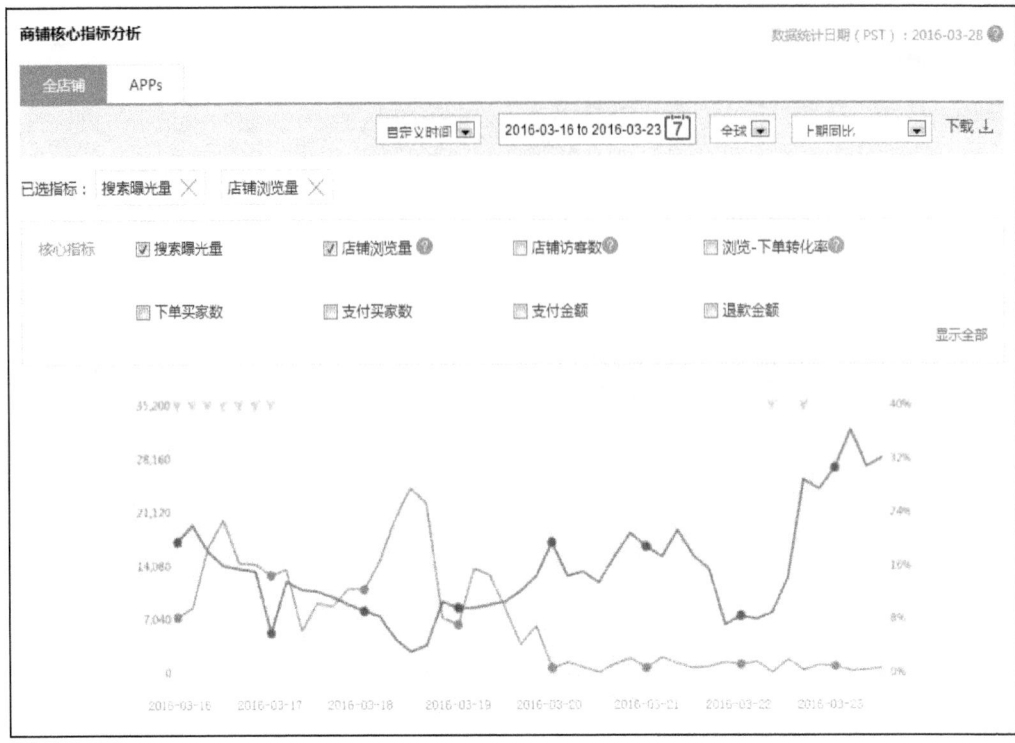

图 12-14　商铺核心指标分析

6．商铺访客全球分布

如图 12-15 所示，借助"商铺访客全球分布"工具，卖家可以查看所选时间段内，访问商铺的买家地域分布，并以此为根据对店铺的目标买家国家选择适合销售的产品、设定合理的物流方式。

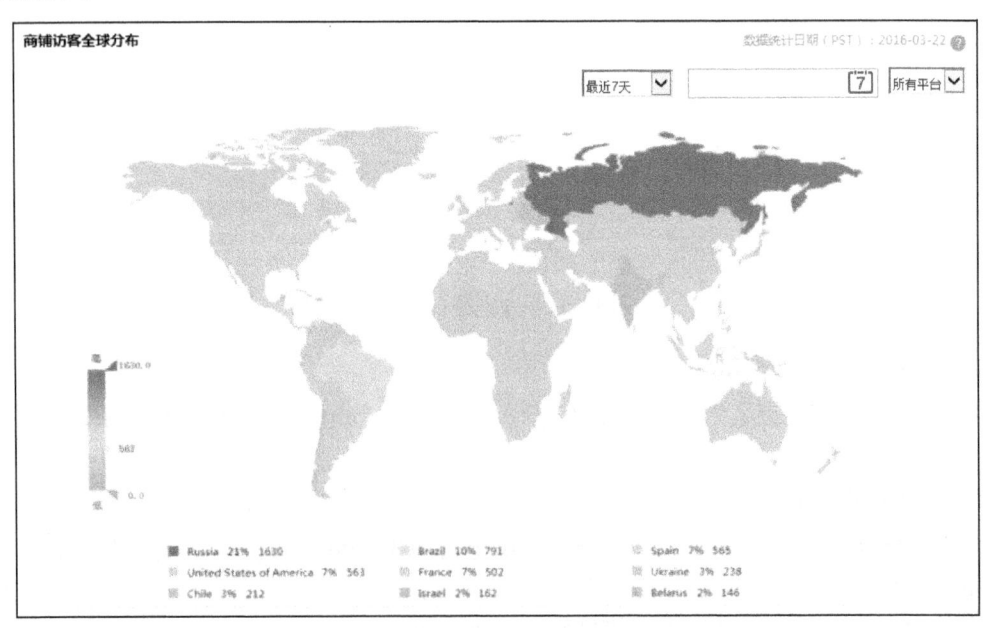

图 12-15　商铺访客全球分布

三、商铺流量来源

如图 12-16 所示，借助"商铺来源排行"，卖家可以查看本店最近 1 天/7 天/30 天或自定义时间段的流量来源渠道，了解本店流量来源分布及各流量来源渠道的浏览量占比、访客数、访问深度和跳失率等指标。卖家可以依据这些数据对于带来流量较少的渠道做针对性提升。

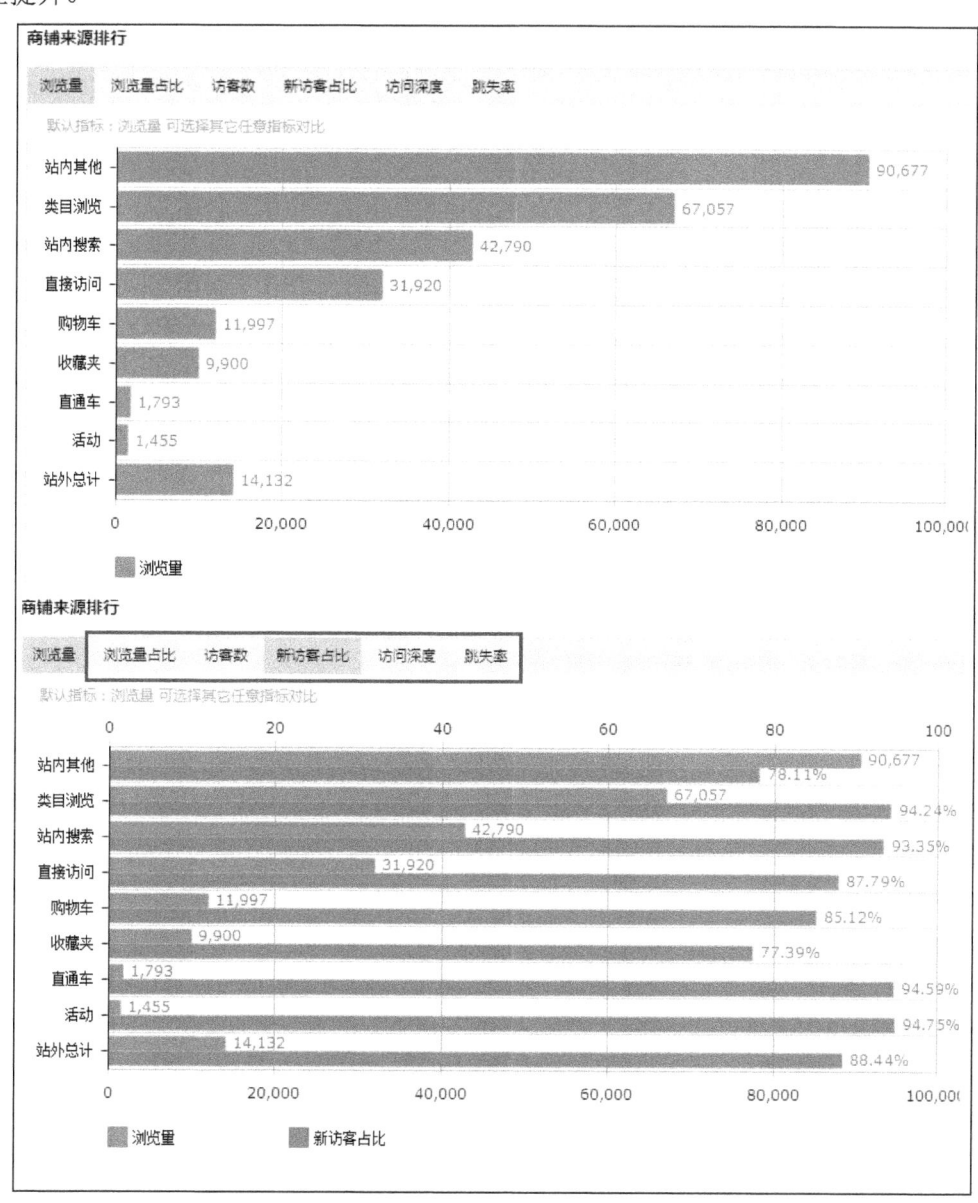

图 12-16　商铺流量来源排行

如图 12-17 所示，平台还提供了商铺流量来源的详细数据查看和下载，并给出了流量提升的建议，即"提升秘籍"。单击具体渠道后还能显示趋势小图标。

单击图 12-17 中的"站内其他"或"活动"，可以看到详细来源数据及 URL。图 12-18

所示为"站内其他"URL 详情。

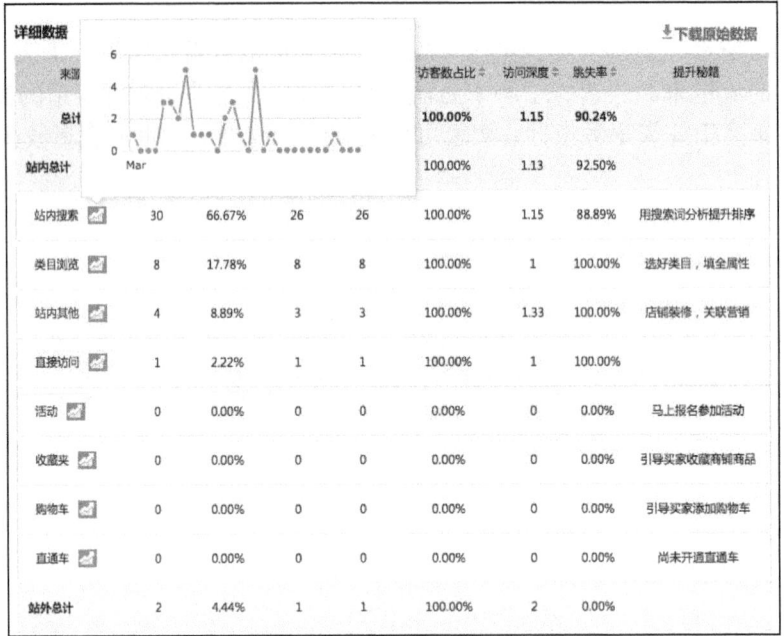

图 12-17　商铺流量来源详细数据

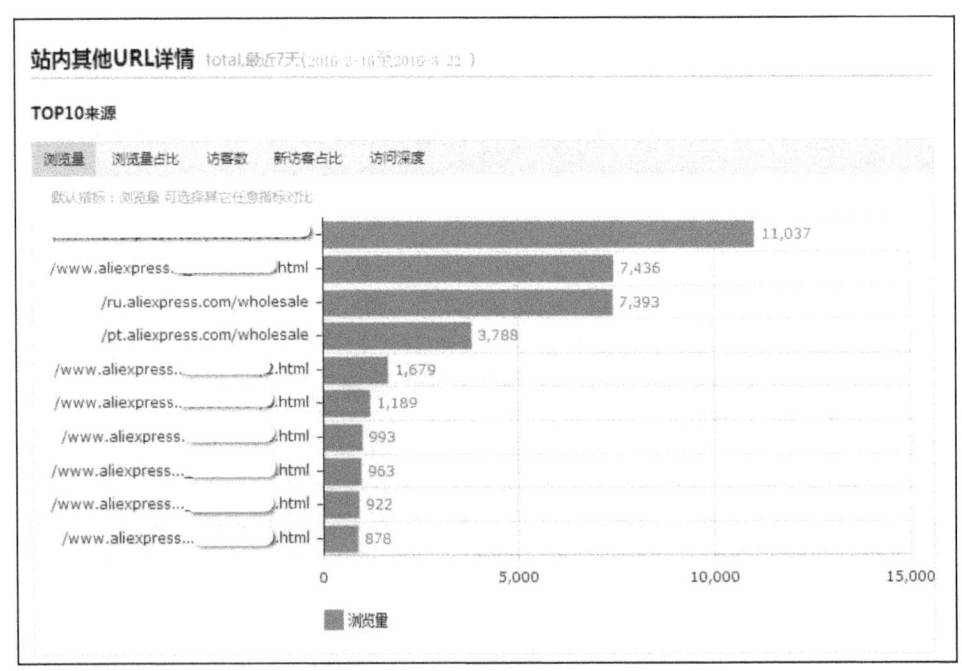

图 12-18　"站内其他"URL 详情

四、商铺装修

店铺装修是否有效果？装修效果有多大？要解决这些疑问，卖家可以借助数据纵横的

"商铺装修"数据，及时掌握店铺的装修效果。

在装修效果趋势图中，如图 12-19 所示，卖家可以查看本店最近 7 天/30 天或自定义时间段的浏览量、访客量、访问时间及深度、跳失率及购买率等指标的趋势。图中倒三角表示当天有装修事件，卖家可以通过对比装修时间点前后的数据变化，判断装修效果，并进行优化。如图 12-19 所示，店铺在 12 月 7 日进行装修，从 12 月 8 日开始店铺的浏览量和购买率都开始提升，说明店家的装修效果较好；12 月 10 日又进行了装修，但是浏览量和购买率开始下跌，说明此次装修效果差。

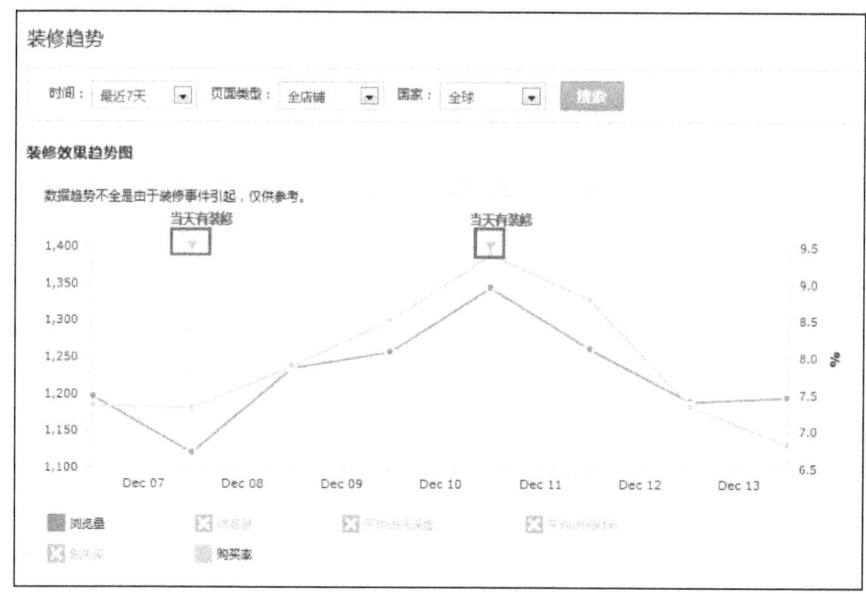

图 12-19　装修效果趋势图

另外，卖家可以查看"装修事件数据报表"，如图 12-20 所示，查看每天的详细数据，还可以下载详细数据做进一步分析。

日期	浏览量	访客量	平均访问深度	平均访问时间	跳失率	购买率	是否装修
2015-12-7	1,196	776	2	88	13.01%	7.35%	N
2015-12-8	1,121	766	1	75	16.10%	7.31%	Y
2015-12-9	1,235	838	1	83	13.80%	7.88%	N
2015-12-10	1,258	870	1	80	15.62%	8.51%	N
2015-12-11	1,345	767	2	77	14.59%	9.39%	Y
2015-12-12	1,262	763	2	89	15.97%	8.78%	N
2015-12-13	1,190	695	2	97	16.19%	7.34%	N
2015-12-14	1,197	659	2	81	14.08%	6.83%	N

图 12-20　装修事件数据报表

五、商品分析

商品分析是根据各项指标找出店铺商品的缺陷，给出解决方案，助力卖家对商品进行优化。数据纵横为卖家提供了商品效果排行分析和商品来源分析的数据。

1．商品效果排行

"商品效果排行"提供分行业、分国家查看店铺商品最近 7 天/30 天的商品搜索曝光、浏览、访客、订单等多维度数据，帮助卖家了解店铺商品的经营效果。图 12-21 所示为这款女裙最近 7 天在巴西的经营情况，单击单个指标名称可实现排序功能。"自定义展示项"可以修改优先展示的数据项，"下载"提供完整数据导出功能。

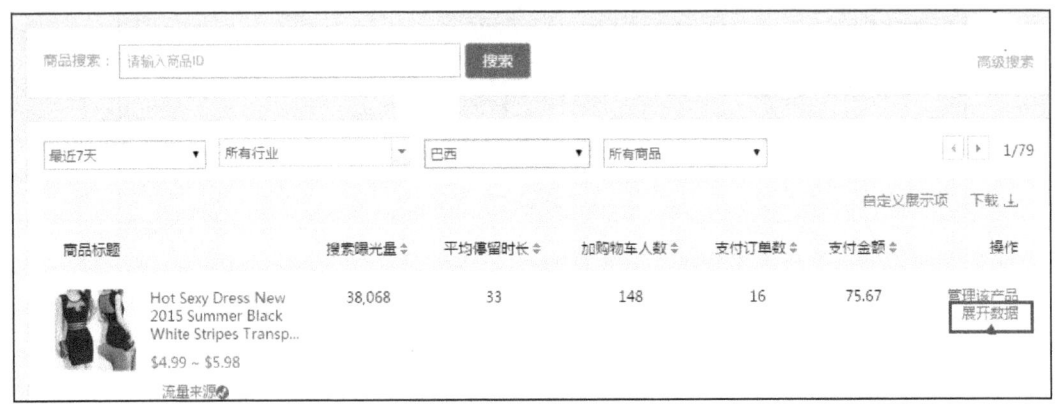

图 12-21　商品效果排行

单击"展开数据"按钮，可获得指定商品的详细数据，且提供与行业均值或行业订单 Top10 产品均值对比，判断该商品各项指标的竞争力，为卖家进行商品优化提供依据。

2．商品来源分析

商品来源分析，为卖家提供了商品的流量来源及去向图、来源趋势和 TOP 访客地区三类数据。

（1）来源去向图

如图 12-22 所示，通过商品来源分析，卖家可以查看指定商品最近 1 天/7 天/30 天或自定义时间段内的指定商品的流量来源及去向情况。卖家可根据各来源渠道的数据，对当前表现较弱的渠道进行优化和加强。可根据流量去向优化商品描述信息，减少直接退出本店的比例。同时还可以检验平台活动效果、直通车推广效果。单击图中的来源圆圈（即紫色圆圈）可以看到对应的去向信息，单击图中"+"号，可以查看 Top10 详情信息。如图 12-23 可以看出，站内搜索引入的 83.83%的流量去向是退出本店，剩余流量去向分布在收藏、添加购物车、下单、访问其他商品详情页面、商铺其他页面。依据这些信息，卖家可以在商品详情页中增加同款和搭配款，以及其他营销手段，提升转化率，减少退出比例。

卖家还可以下载数据到本地进行分析，平台提供数据预览和下载功能。单击"详细报表"按钮，即可获得如图 12-23 所示的详细数据信息。左边竖框内是当前产品各个渠道来源的浏览量及占比。横框是某个渠道去向的浏览量及占比。

详细报表						↓ 下载原始数据
	流量来源			流量去向		
名称	带来浏览量	到下单页面	到购物车	到收藏	到本店其他商品页	退出本店
总计	541（100.00%）	7（1.26%）	53（9.53%）	7（1.26%）	9（1.62%）	475（85.43%）
站内搜索	255（47.13%）	5（1.88%）	29（10.9%）	3（1.13%）	4（1.50%）	223（83.83%）
站内其他	215（39.74%）	0（0.00%）	18（8.22%）	4（1.83%）	5（2.28%）	190（86.76%）
直接访问	46（8.50%）	2（4.35%）	2（4.35%）	0（0.00%）	0（0.00%）	42（91.20%）
购物车	17（3.14%）	0（0.00%）	2（11.76%）	0（0.00%）	0（0.00%）	14（82.35%）
SNS	7（1.29%）	0（0.00%）	2（28.57%）	0（0.00%）	0（0.00%）	5（71.43%）
类目浏览	1（0.18%）	0（0.00%）	0（0.00%）	0（0.00%）	0（0.00%）	1（100.00%）

图 12-22　商品流量来源去向详细报表

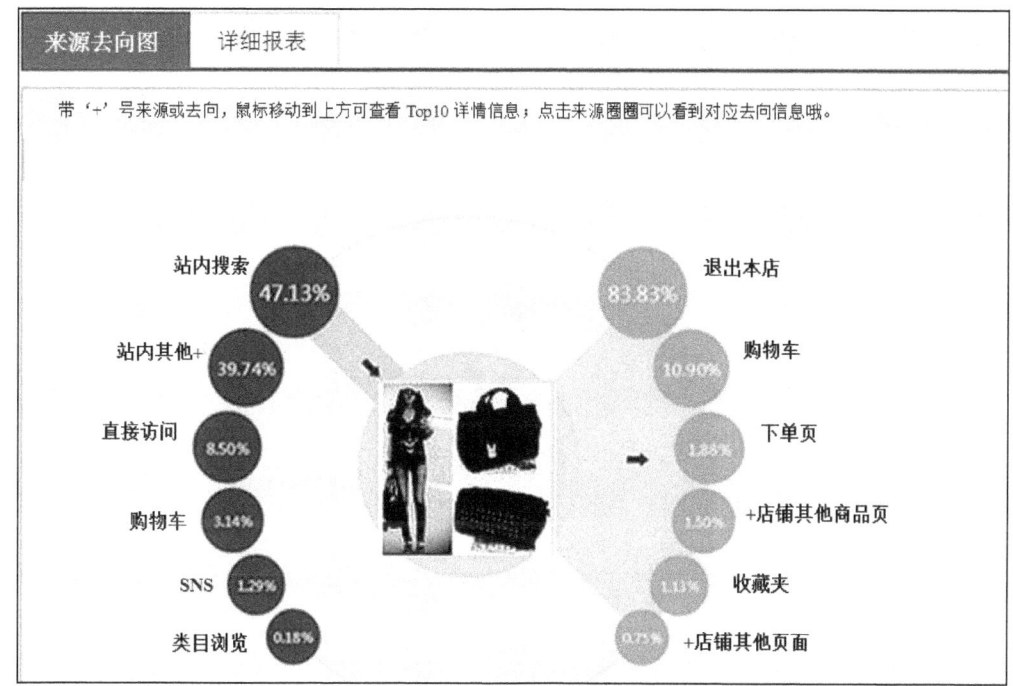

图 12-23　商品流量来源去向图

（2）来源趋势

在流量来源趋势图中，卖家可查看最近 7 天/30 天各来源渠道的流量占比，如图 12-24 所示。卖家可以一目了然地看到各渠道流量来源的占比情况。

（3）TOP 访客地区

TOP 访客地区为卖家提供了指定商品的流量来源的主要国家和地区，如图 12-25 所示，该件商品的流量主要来源于巴西和俄罗斯，所以卖家可以据此进行国家的特色经营以及运费模式的针对性设计，以期获得更多的流量。

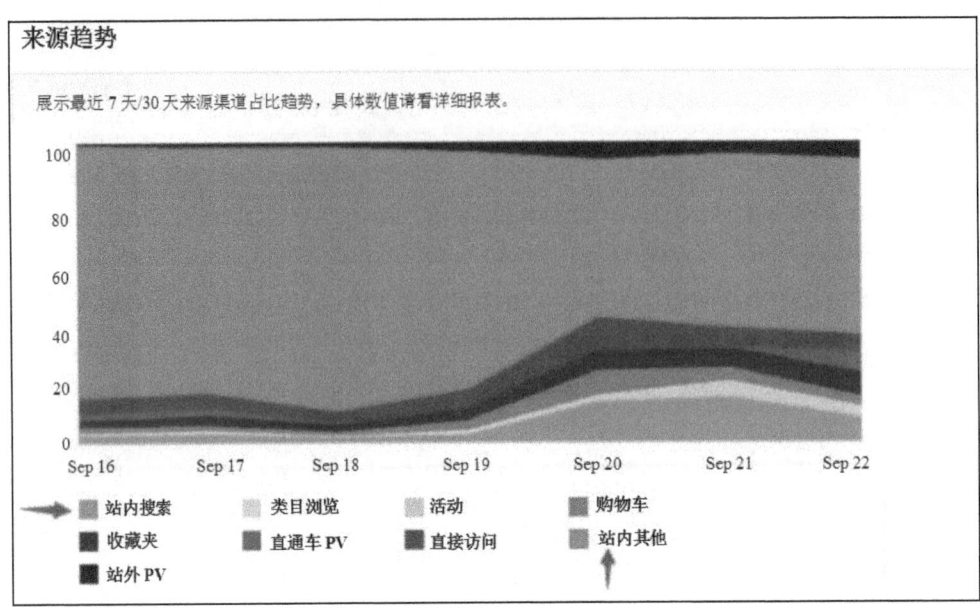

图 12-24　商品流量来源趋势

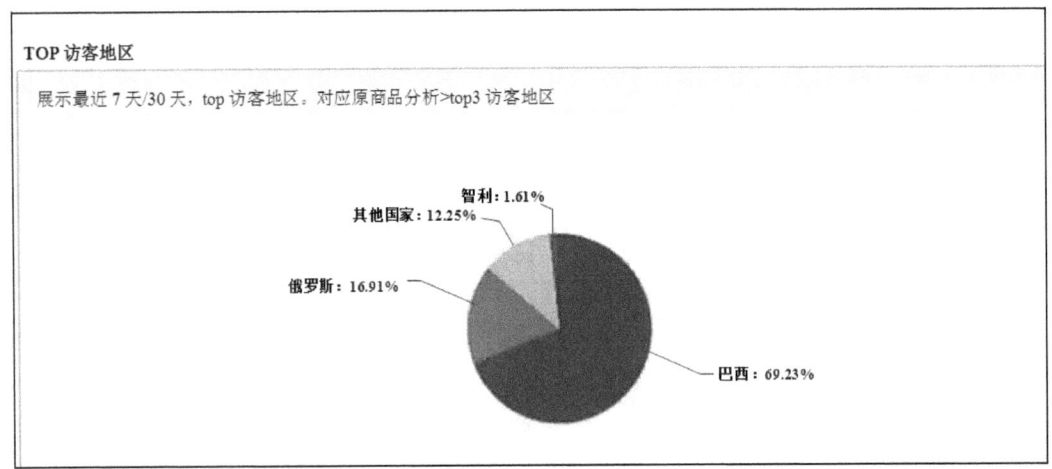

图 12-25　商品 TOP 访客地区

六、营销助手

为了更好地帮助平台卖家分析相关营销活动效果，并提供活动商品必要的数据支持，提升卖家活动商品的选择效率，帮助卖家结合数据有效进行活动的选择与判断，数据纵横为卖家提供了营销助手功能板块。营销助手功能板块为卖家提供了店铺和平台营销概况、店铺活动和平台活动的各项指标。

1．店铺和平台营销概况

如图 12-26 所示，店铺营销概况和平台营销概况提供了店铺和平台所开展的活动数、活动商品数、活动售出商品数、活动支付金额及活动支付金额占比等指标。卖家依据这些数据可以判断店铺和平台在特定时间段内由活动带来的店铺经营效果情况。

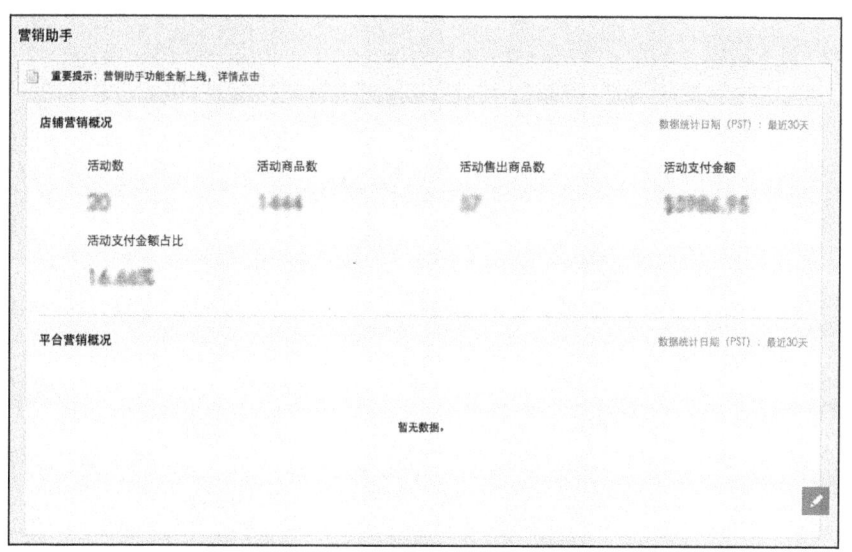

图 12-26　店铺和平台活动营销概况

2．店铺和平台活动详情

店铺活动详情为卖家提供了店铺内各个活动访客数、下单订单数、浏览-下单转化率、支付订单数、支付金额等指标。卖家以此可以检验店铺组织的各项活动的引流效果，为活动优化提供依据，如图 12-27 所示。

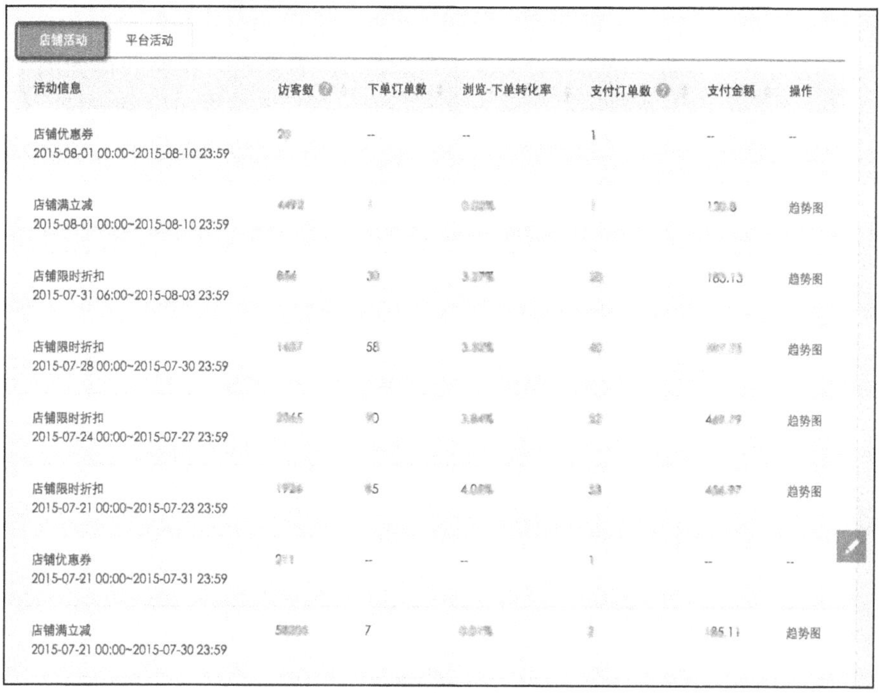

图 12-27　店铺活动详情

如图 12-28 所示，平台活动详情提供了卖家店铺由平台活动所带来的下单订单数、浏览-下单转化率、支付订单数和支付金额等指标。卖家可以以此检验店铺参与平台活动的效果情况。

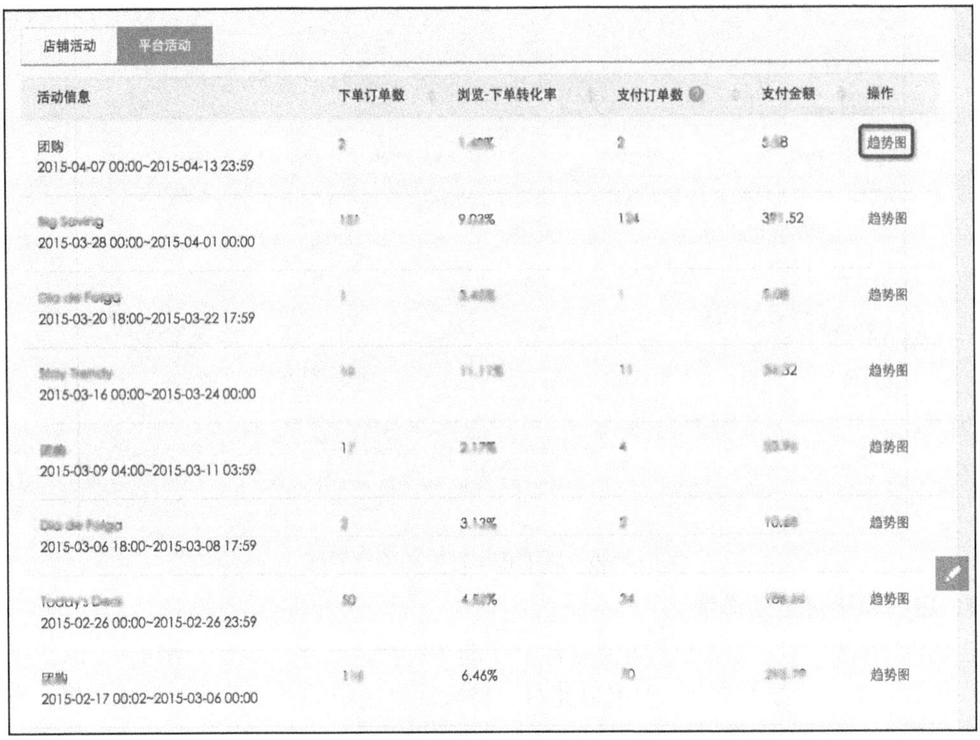

图 12-28　平台活动详情

在店铺活动和平台活动详情图中，卖家都可以单击"趋势图"按钮获得如图 12-29 所示的活动趋势图，在趋势图中卖家可以勾选访客数、支付订单数、支付金额指标，获得指标在指定时间段内的趋势走向及与上周同日访客数的对比趋势，借此掌握店铺活动前后的指标变动趋势。

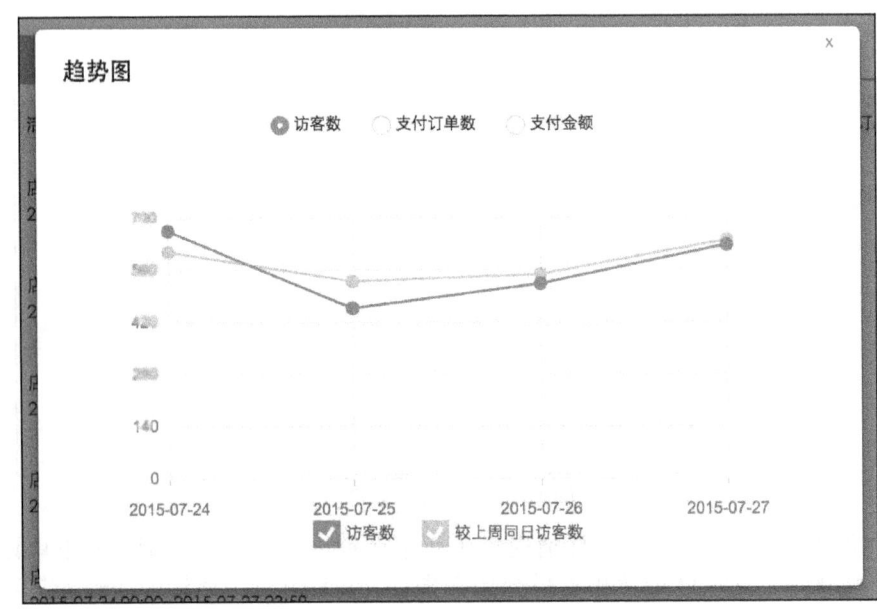

图 12-29　活动趋势图

本章小结

数据的收集和分析是店铺的立足之本,成长之源。只有科学利用好大数据,才能真正经营好店铺。本章主要介绍了卖家借助速卖通平台的数据分析工具——数据纵横如何进行行业情报分析和店铺经营分析,并提供操作指南,帮助卖家掌握数据分析的方法。

本章习题

1. 速卖通平台为卖家提供了什么工具进行数据分析,数据分析能为卖家提供哪些功能?
2. 行业情报数据帮助卖家了解哪些信息?
3. 搜索词分析可以帮助卖家做什么?
4. 选品专家可以帮助卖家做什么?
5. 卖家如果想调整客服的工作时间可以借助哪些数据?

实训拓展

小东的店铺运营已有一段时间了,店铺的订单数始终寥寥无几,小东也采取了包邮、打折、限时折扣等营销活动,但效果平平。

实训1:请您为小东的店铺进行行业数据分析,帮小东了解自己店铺所处行业的经营情况和竞争情况,并据此指导小东该如何进行商品优化调整。

实训2:请您为小东的店铺进行店铺经营数据分析,帮小东了解自己店铺的经营概况、流量来源和店铺内商品的经营情况,并据此指导小东该采取哪些措施提升店铺的经营效果。

参 考 文 献

[1] 易传识网络科技，丁晖，等. 跨境电商多方平台运营[M]. 北京：电子工业出版社，2015.

[2] 速卖通大学. 跨境电商：阿里巴巴速卖通宝典[M]. 北京：电子工业出版社，2015.

[3] 冯晓宁，梁永创，齐建伟. 跨境电商：阿里巴巴速卖通实操全攻略[M]. 北京：人民邮电出版社，2015.